英語授業の実践研究

岩本藤男 著

静岡新聞社

はじめに

　本書は、中学校で英語の授業を担当していた当時、困ったこと、迷ったこと、疑問に感じたことなどを研究課題とし、それを解決するために行った調査や、生徒が授業や活動をどのように感じたのか調べた結果の分析と考察についてまとめている。

　本書を編んだ目的は、生徒が英語学習に意欲的に取り組み、英語力を付けるためには、教師がどのようなことに留意して授業や活動を構想すればよいのか、という参考資料を英語の先生方に提供することにある。

　著者が授業改善のため実践研究を始めたのは、教師になって10年ほど経った頃に、「中部地区英語教育学会」に入会したことがきっかけであった。日本には、英語授業研究学会、日本児童英語教育学会など数多くの英語教育系の学会がある。中部地区英語教育学会は、全国英語教育学会の支部の1つで、富山、石川、福井、山梨、愛知、和歌山、三重、長野、岐阜、静岡の10県で構成されている。会員は、小学校、中学校、高等学校、高等専門学校、専門学校、大学の教員をはじめ大学、専門学校、高等専門学校の学生、大学院生など、英語教育に関係する人、関心をもつ人たちである。入会すれば、そうした多くの方々の実践、見地から、授業・指導を通じて抱いていた様々な疑問や悩みについて解決の糸口がきっと見つかると考えたのである。特に毎年、6月末に中部地区内で開催される研究大会では、英語教育の様々な分野の研究成果や実践報告が発表され、大いに刺激を受けた。

　そして研究大会に参加しているうちに、自分も実践を発表し、他の先生方から意見をいただきたいと考えるようになった。学会発表のために実践報告を書き始め、それを論文にして中部地区英語教育学会の『紀要』に投稿したこともあった。入会して約30年の月日が過ぎ、気がつくとその投稿論文が20本ほどになっていた。令和2年3月、筆者は定年を迎え、その後は学習支援員として授業のお手伝いをさせていただくようになった。定年を機に今まで書いた投稿論文の内容や、市・県の研究会に提出したレポートの内容をまとめ、それに支援員としての経験も加味して本にしてみようとの思いが芽生えた。無謀なのは承知していたが、少しでも現役の先生方の指導に役立ててもらいたかったのである。とはいえ、いざ実行に移すには勇気が必要であった。結局、原稿はまとめてから2年間ほど、パソコンの中に眠ったままだった。しかし、校内分掌の仕事、生徒指導、部活動指導、はたまた保護者

や不登校生徒の対応など、忙しい日々を送っている先生方と接する中で、改めて背中を押され、今回、意を決し送り出すのが本書である。

　本書には、学術研究ではなく実践研究を書いたつもりである。学術研究は、特定の授業、特定の生徒だけでなく、どの授業や生徒にも一般化できる結果を求めて制約された条件下で行われる。それに対し、実践研究は、教師自身が自ら教えている生徒についての理解を深め、自分が課題であると感じていることを解決しようとすることを主な目的としている。したがって、当然ではあるが、先生方が授業をした場合に、本書の内容とは異なる結果が出ることもあると思う。筆者の関心がリスニング指導、文法指導に偏っていると感じる方もおられるかもしれない。至らない点を挙げればきりがない。本書はあくまで一教師の実践であることを繰り返し指摘しておきたい。それでもなお、手に取ってくださった先生方に、同じような文脈で授業や活動を構想する際に、わずかなりとも参考にしていただけたなら、筆者のこの上ない喜びである。

目　次

第 **1** 部

コミュニケーション
活動への意欲を
高める要因

Abstract

　学習指導要領が改訂されるたびに、どの学校でも改訂の趣旨を理解するための校内研修を行い、授業改善の具体的な方法を考える。また、校外でも多くの研修会が実施される。今まで教員生活を送ってきた間に、何回か学習指導要領は改訂されたが、そこに示される目標は、世の中がどのような状況であっても、生徒が生き生きと意欲的に授業に取り組む姿の実現を目指して授業改善を進めるよう求めている。

　英語科では、言語活動の在り方が常に問われる。学習指導要領の英語の目標には、「コミュニケーション能力の基礎」、「実践的コミュニケーション能力」など、表現は変わっても、「コミュニケーション能力の育成」という大きな目標は変わらない。そして言語活動の設定に際しては、「どのような工夫をすれば生徒の活動意欲を高めることができるか」という、学習意欲に関することが重要な課題として取り上げられることも変わらない。活動意欲を高めるための工夫は、授業を構想したり実施したりする上で、最も大切なことであろう。

　第1部では、コミュニケーション活動への意欲を高める要因について考える。その要因を探る資料として、2つの調査結果を報告する。第1章では、中学校2年生の授業で実施した「新しく学習した文法項目の定着を目的とした活動」を生徒がどのように感じたかについての調査結果である。1年間に実施したそれぞれの対話活動について、どの程度生徒が意欲的に取り組めたと感じたかについての意識調査である。

　第2章では、授業で行うグループ活動の編成の仕方についての調査結果である。教室では、様々なグループ編成をしているが、特に英語科では、ペア、グループの活動形態を頻繁に使う。グループ編成の仕方の違いによって活動意欲や活動の達成感にどのような変化が現れるかについて知る必要があると考えた。この調査は、中学校3年生を対象としており、活動意欲を高めるためにはどのようなことに留意してグループを編成すればよいのかについて考察した。

第**1**章

コミュニケーション活動への意欲を高める要因の意識調査

1. はじめに

　以前より、英語教育界では、「動機づけ」に関する問題は重要な課題として研究されてきたが、池野（2007）は、「動機づけ」と「意欲づけ」の問題をはっきりと区別せず、曖昧なままに扱ってきた点を指摘している。その指摘の内容は、「教師の関心は、『学習者はどのような理由で英語を勉強しているのか』や『英語を勉強する理由と学習成果はどのような関係をもつか』ということより、むしろ『英語の学習意欲を高めたり、低下させたりする原因は何か』、『どのような工夫をすれば意欲は高まるか』などの問いにある」（p.88）ということである。

　私たちは、授業の中で様々な言語活動を設定するが、その際に考えることは、「動機づけ」よりも「意欲づけ」に関することであろう。つまり、生徒を意欲的に活動に取り組ませるためには、どのような点に注意して活動を設定すればよいのかという問題である。したがって、この章では「意欲づけ」の問題を中心に考える。生徒が意欲的に活動する活動の設定規準は、経験に基づく教師としての勘がある。そしてこの勘はかなり正確であるように思える。それに加えて理論的に指針となる規準も欲しいと考えてきた。

2. 先行研究

　タスクへの取り組みに関して廣森（2007）は、「タスクに対する態度」（学習した課題は面白かった：熱心に取り組むことができた）、「タスクに関する価値」（今回取り組んだ課題は、英語の勉強に役立つと思う：この課題は、英語の勉強を進める上で重要だと思う）、「タスクに関する期待」（このような課題は得意だと思う）、「タスクを行うパートナーとの関係」（今後、似た

ような課題をやるときは、今回と同じパートナーと一緒にやりたい：パートナーと協力しながら、課題に取り組めた）という 4 つの要因を調査している。そして、4 つの要因の関連から、タスクに対してより積極的な態度を示す時は「目の前のタスクが自らにとって重要なものであり、適度な困難度をもっており、さらに一緒に取り組んでいるパートナーとの関係も良好だと認識している場合」であることを明らかにしている。

　また、新しい文法事項を定着させるための工夫として田中（2006：171）は、「自己関与を生かした指導によって、文法学習への生徒の動機と集中を高め、文法に対する生徒の主体的な気付きを引き出し、実際の言語使用場面で使える文法知識を育成することにつながる可能性がある」ことを指摘し、指導の目標となる文法事項を学習者に関連付けて指導することの重要性を述べている。

　生徒を意欲的に活動に取り組ませるためには、多くの要因について考えなければならないが、授業場面に関連性が強い要因を明らかにするため、今回の調査では、上で述べた先行研究を参考にして「課題の難易度」、「課題の自己関与」、「活動を行うパートナーとの良好な関係」という 3 つの要因を中心に検討した。中学校 2 年生が 1 年間に行った活動の中で、積極的に取り組むことができたと判定した活動とそうではなかった活動は、それぞれどのような特徴をもっていたのかを授業実践を振り返りながら考察し、今後、言語活動を設定する際の資料としたい。

3.　調査

3.1　調査の目的

　4 月から 12 月までの約 8 か月間、中学 2 年生の授業で実施した「特定の文法項目の定着を目的とした活動」について生徒は積極的に取り組めたと感じたか、あるいはそうではなかったかの調査を行い、その結果を今後、活動を設定する際の参考資料とする。

3.2　参加者

　調査の参加者は、A 市の中学校の 2 年生 5 クラスの生徒（165 人）である。その年度に実施した 3 回の定期テスト結果を基に学力の上位群（55人）、中位群（55 人）、そして下位群（55 人）を設定した。

3.3　手順

　生徒は活動で使用したワークシートをファイルに綴じて保管していた。調査に際しては、最初に表1の「活動一覧表」に回答欄を付けたものを配布し、どのような活動を行ったのかを生徒にファイルの中のワークシート（活動プリント）を参照させながら確認した。ワークシートには対話をした友だちの名前が記入されていたり、対話活動で得た情報を基に英文を書いたりしてあるものが多くあったので、じっくりとワークシートを見て、自分はその時どのような活動をしたのかをよく思い出して判定するように指示した。どのクラスでも十分に時間を取って回答させた。

　調査は、5段階で回答を求めた。判定基準は「5. とても積極的に取り組めた。4. ある程度積極的に取り組めた。3. 普通だった。2. あまり積極的に取り組めなかった。1. 積極的に取り組めなかった。」である。

3.4　分析方法

　生徒が回答した21項目について、どのような特徴をもつ活動に積極的に取り組めたのか、あるいは取り組めなかったのかを回答の平均値から読み取り考察した。また、学力の違いで活動意欲を感じる活動は変化するのかについても考察した。

表1.　活動一覧表

項目	トピック	学習事項	対　話　例	自己表現
1	この前の日曜日テレビを見ましたか？	過去形	A：Did you watch TV last Sunday? B：Yes, I did. I watched TV last Sunday. No, I didn't. I didn't watch TV last Sunday.	5項目の事柄を Yes. No. で答える。質問する。
2	先週の土曜日家にいましたか？	Be 動詞の過去形	A：Were you home last Saturday? B：Yes, I was. I was home last Sunday. No, I wasn't. I was in Shizuoka.	土曜日に家にいたか答える。質問する。
3	連休中はどこかへ行きましたか？	過去形	A：Did you go anywhere in the long holiday? B：Yes, I did. I went to (Shizuoka). A：What did you do there? ………	連休中どこへ行ったのか答える。質問する。
4	数学は難しいと思いますか？	接続詞that	A：I think that (math) is difficult. Do you think so, too? B：Yes, I do. ／ No, I don't.	自分が決めた教科を相手が難しいと思うか尋ねる。答える。

5

5	昨日の8時、何をしていましたか？	過去進行形	A：Where were you at eight yesterday? B：I was home. A：What were you doing?	昨日の8時に何をしていたか答える。質問する。
6	6歳の時ドラえもんが好きでした。	接続詞 when	A：What did you like when you were 6 years old? B：I liked（Doraemon）when I was 6 years old.	6歳の時何が好きだったか答える。質問する。
7	あなたの週末の予定は？	未来表現 be going to	A：What is your plan for this weekend? B：I am going to（go fishing）.	週末の予定を答える。質問する。
8	海外旅行に行こう。	未来表現 be going to	A：Where are you going to go? B：I'm going to go to（China）. A：How long are you going to stay there?	どこの国にどれくらいいて、何をしたいか答える。質問する。
9	あなたは将来何になりたいですか？	不定詞 （名詞的用法）	A：What do you want to be in the future? B：I want to be（a pro soccer player）.	将来何になりたいか答える。質問する。
10	夏休みの計画	未来表現	A：What are you going to do during the summer vacation? B：I'm going to go to the beach.	夏休みの予定を答える。質問する。
11	サインしてください。	助動詞 will （依頼）	A：Will you sign here? B：Sure.	ジャンケンをして勝ったら相手にサインをもらう。
12	あなたの消しゴムを使っていいですか？	助動詞 may	A：May I use（your eraser）? B：Sure. ／　Sorry, you can't.	8つの物の中から貸してもよい物を答える。質問する。
13	部屋を掃除しなければなりません。	～しなければならない have to	A：Do you have to（clean the bathroom）? B：Yes, I do. I have to clean the bathroom. No, I don't. I don't have to clean the bathroom.	12項目の中からしなければならないことを答える。質問する。
14	マンガを描くことが好きです。	動名詞 like～ing	A：Do you like（writing comics）? B：Yes, I do. I like writing comics. No, I don't. I don't like writing comics.	9項目の中から自分が好きなことを答える。質問する。
15	マンガを読むことが好きです。	不定詞 （名詞的用法）	A：What do you like to do on the weekend? B：I like to（read comic books）.	9項目の中から自分が好きなことを答える。質問する。
16	どこへ何をしに行きましたか？	不定詞 （副詞的用法）	I went to a supermarket to buy noodles. （語句を選んで文を作る）	10項目の中から語句を選び作文する。
17	部屋の中に何がある？	There is / are～	There is a cat in the room. There are some books on the desk. （絵を見て文を書く）	絵を見てその物が部屋のどこにあるか作文する。

18	私の町を紹介する。	There is ～など	There is a bus stop near my house.....	自分の住む町について作文する。
19	相手の持ち物を当てよう。	不定詞（形容詞的用法）	A：Do you have anything (to wear)? B：Yes, I do. A：Do you have a scarf?	自分がもっている物（カード）を答える。質問する。
20	最高のプレゼント	ＳＶＯＯの文	A：What will you give (Mr. Ito)? B：I will give him (a CD).	5 人の先生に何をプレゼントするか 5 つから選ぶ。ペアで対話練習。
21	J-E カード	既習の構文	日本語を聞いて英語に置き換える練習で使ったカード。年間を通して実施した。12 枚使用	日本語を聞いて英語に置き換える。

4.　結果

　21 項目（110 点満点）で参加者 165 人の平均値、及び学力群別の平均値は以下の表 2 に示した。平均値が高いほど意欲的に取り組めたと判定していることを示している。表 2 から学力の上位群、中位群、下位群の順に平均値が高い。学力が高いほど、活動に積極的に取り組めたと判断している生徒が多いことがわかる。

　また項目ごとの平均値は表 3 に示した。項目の番号は、表 1 に示した活動である。数値が高いほど生徒が積極的に取り組んだと判定している活動を示している。ほとんどの項目で、平均値が 3.0 を超えているので、おおむね良好な結果であると思われる。

表 2．学力群別の平均値

全　体　($n=165$)	73.57
上位群　($n=55$)	77.81
中位群　($n=55$)	73.96
下位群　($n=55$)	68.94

表3. 項目ごとの平均値

項目	全体	上位群	中位群	下位群
1	3.44	3.54	3.58	3.21
2	3.40	3.54	3.34	3.32
3	3.15	3.38	3.16	2.90
4	3.32	3.49	3.47	3.01
5	3.34	3.58	3.36	3.09
6	3.85	3.85	4.03	3.67
7	3.24	3.43	3.29	3.00
8	3.58	3.94	3.50	3.29
9	3.58	3.81	3.52	3.41
10	3.29	3.54	3.30	3.01
11	3.52	3.70	3.50	3.36
12	3.66	3.76	3.60	3.61
13	3.36	3.40	3.41	3.27
14	3.39	3.49	3.50	3.18
15	3.33	3.47	3.34	3.18
16	3.35	3.65	3.38	3.03
17	3.44	3.80	3.49	3.05
18	3.41	3.63	3.50	3.09
19	3.58	3.92	3.43	3.38
20	4.13	4.38	4.09	3.92
21	4.12	4.43	4.07	3.87

　項目ごとの平均値の比較は、以下の表4に示した。

　全体として、20番の「最高のプレゼント」というトピックの活動、21番の「JEカード」、つまり基本文の暗唱活動に積極的に取り組めたと判断した生徒が多かった。また、学力の違いでどの項目の活動に積極的に取り組んだと判断しているか、学力の違いでどの活動が受け入れられているのかが表4からわかる。

表4．項目ごとの平均値の比較

	積極的に取り組んだ ← → 積極的に取り組めなかった																				
全　体	20	21	6	12	9	8	19	11	1	17	18	2	14	13	16	5	15	4	10	7	3
上位群	21	20	8	19	6	9	17	12	11	16	18	5	1	2	10	4	14	15	7	13	3
中位群	20	21	6	12	1	9	8	11	14	18	17	4	19	13	16	5	2	15	10	7	3
下位群	20	21	6	12	9	19	11	2	8	13	1	14	15	5	18	17	16	4	10	7	3

5.　考察

　全体的な傾向として、表2より学力の上位群、中位群、下位群の順に高い得点を記入していることがわかる。このことにより、学力が高いほど積極的に活動に取り組めたと判定している傾向がうかがえる。この傾向は、ある程度予想された結果であった。生徒が積極的に取り組めたと判定した活動、取り組めなかったと判定した活動に含まれる要因について検討したい。

5.1　積極的に取り組めた活動

　生徒が積極的に取り組めたと判断した活動を「自己関与」、「課題の難易度」、「活動を行うパートナーとの良好な関係」の観点から考察したい。なお、「自己関与」の要因については、田中（2006）が示した「自己関与の構成要素」を参考にした。田中（2006）は、その構成要素を学習者の内面に関わるものとして「自己準拠」（覚えようとする情報が自分に当てはまるかどうか考えさせる）、「自己生成」（記憶したい語に付加する情報を学習者自身が作り出す）、「自己選択」（記憶するものに付加する情報を、与えられた選択肢の中から自分で選択する）の３つを挙げ、学習者の外界に関わるものとして「文脈の中での文法選択」（適切な文法形式を自分で判断して選び取る）、「偶有性」（ある程度予想できるが何が起こるかわからない、半ば偶然に半ば必然的に起きるもの）、「間主観性」（言語活動に参加している者同士が共通した動機と目的を共有しながら、今行っている活動を相互に認識している状態）の３つを挙げている。

　表4で全体の平均値が高かった項目は、20番、21番、6番の活動である。これらの３つの活動について考察したい。

(1) 21番の活動

　21番の活動は年間を通して授業の最初に行った、「基本文を暗唱すること
を目的とした常設活動」で、他の活動とは異なる種類のものである。ペアで
一方が日本語を読みあげ、それを聞いて相手が英語に置き換える活動であ
る。この活動で基本文を覚えることができ、英語の基礎力が付くと生徒は実
感し「タスクに対する価値」を感じていたと思われる。このような基本文や
定型表現を暗唱することを目的とした活動を常設する教師は多いが、ある程
度、生徒に受け入れられていることがわかった。

(2) 20番の活動

　20番は、「最高のプレゼント」というトピックで、藤生（2000:66）を参
考にして設定した活動である。目的語を2つもつ基本文を学習し、口頭練習
を行った後、授業に来ている5人の教師に何をクリスマスプレゼントとして
あげたらよいか、5つの品物の中から選び、それを基にペアで対話練習を
行った活動である。どの教師に何がふさわしいか考える「自己選択」の要素
があった。そして活動の最後に、実際にそれぞれの教師にインタビューした
テープを聞かせ、自分が選んだ品物とそれぞれの教師が欲しいと考えた品物
が同じであったかを確認する場面があった。つまり「偶有性」の高い活動で
あった。この活動では、基本文の人の部分と品物の部分を変える簡単な文の
操作で対話練習ができるので、「課題の難易度」は低く、活動中の生徒の意
識は構文よりも表現した内容に向いていたと思われる。

(3) 6番の活動

　6番は、「6歳の時ドラえもんが好きでした」というトピックで、接続詞
whenを扱った活動である。自分が6歳の時、何が好きだったかマンガやア
ニメの登場人物を思い出して書き、それを基に対話練習を行った。語彙に関
して、アトムや鉄人などを英語でどのように表現するのかという質問が多く
出され、「自己生成」の要素があった。基本文は接続詞を扱っているためや
や長いが、基本文の「ドラえもん」の部分を置き換えるだけで自分が使う基
本文を完成できるので、生徒は困難さを感じることなく活動できた。そして
友だちは何が好きだったかについて興味、関心を示していた。したがって、
「偶有性」の高い活動だった。

5.2　生徒が積極的に課題に取り組めた要因

　上で挙げた生徒が積極的に課題に取り組めたと判断した20番と6番の活動の要因について考察したい。20番と6番の2つの活動では、パートナーは、最初は隣に座っているペアと1回練習を行い、その後は、相手を変えながらクラスの誰と自由に練習してもよいことになっていた。したがって、「活動を行うパートナーとの良好な関係」という要因は生徒が自分で対話する相手を選ぶことができたので満たされていたと考えられる。

　その他に、これら2つの事例から、生徒が積極的に活動できたと判定した活動は、「自己選択」、「自己生成」、そして「偶有性」という「自己関与」に関わる要因がよい影響をもたらしていたと思われる。

5.3　積極的に取り組めなかった活動

　次に評価が低かった活動について検討したい。表4で全体の平均値が低かった活動は、3番と7番である。

(1) 3番の活動

　3番は、「連休中何をしましたか」というトピックで、過去形の疑問文を扱った活動である。自分が連休中にしたことを基本文の空欄の部分に語句を記入して完成させ、それを基に対話練習を行った活動である。連休中にほとんどの生徒は出かけなかった。それは部活動があったり、連休の直後に定期試験があったりしたことも原因であろう。したがって連休中に何か特別なことをした生徒は少なく、その結果、生徒のしたことはほとんど同じであった。実際には「偶有性」が低く、「自己選択」、「自己生成」の要素が少ない興味、関心のもてない活動になってしまったと思われる。

(2) 7番の活動

　7番は、「あなたの週末の予定は」というトピックで、未来表現を扱ったものである。自分の週末の予定を基本文の空欄の部分に語句を記入して完成させ、それを基に対話練習を行った活動である。これも3番の活動と同様に生徒が書く内容はほとんど同じであった。週末に自分は何をする予定であるかを考えるのであるが、ほとんどの生徒は週末に部活動があり学校に登校する。また、特別なことをする生徒は少なく、その結果、あまり興味、関心のもてない活動になってしまったと思われる。

5.4　生徒が積極的に活動に取り組めなかった要因

　生徒が「積極的に活動できなかった」と判定した活動は、「課題の難易度」、「活動を行うパートナーとの良好な関係」の要因は「積極的に活動できた」と判定した活動と同じであったが、「偶有性」が低いため活動に興味、関心がもてなかったり、自分が決める選択肢が少なかったり、あるいは決めにくい「自己選択」、「自己生成」の要素が少ない活動であった。

5.5　学力が高い生徒たちが積極的に取り組めた活動

　次にそれぞれの学力群内で、項目ごとの平均値の順位を出した時、上位群では順位が高かったが、下位群に向かうにしたがって順位が下がっていった項目について検討したい。つまり、上位群には比較的受け入れられたが、下位群の生徒には受け入れられなかった活動である。17番と16番の項目の活動がこれにあたる。

(1) 17番の活動

　17番は、「部屋の中に何がある？」というトピックで、There is / are〜の構文を扱った活動である。これは、絵を見てその内容を英語で書くことによって表現するという作文活動だった。構文をしっかり理解していないと英文が書けないため、下位群の生徒の中にはまったく書けない生徒がいた。また、口頭による活動ではなく、自分一人で行う活動だった。

(2) 16番の活動

　16番は、「どこへ何をしに行きましたか？」というトピックで、不定詞を扱ったものである。ワークシートに示された「場所」と「したこと」の語句の中から、その場所でできそうなことを考え、それらの語句を使って英文を書くという作文活動だった。17番と同様に対話練習ではなく、英作文の活動だった。基本文が理解できていない下位群の生徒の中には英文をまったく書くことができない生徒がいた。

　これら2つの事例から、下位群になるにしたがって、英作文の活動、つまり構文をしっかり理解していないと取り組めない活動は「課題の難易度」が高くなり、積極的に取り組めなかったと判定していることがわかる。

5.6　学力が低い生徒たちが積極的に取り組めた活動

　この事例とは反対に、上位群、中位群、下位群の順にそれぞれの学力群内の平均値が上がっていった活動について検討したい。つまり、比較的下位群には受け入れられたが、上位群には受け入れられなかった活動である。13番の項目の活動がこれにあたる。

(1) 13番の活動

　13番は、「部屋を掃除しなければなりません」というトピックで、have to〜の構文を扱ったものである。自分が家でしなければならないことを12の選択肢の中から選び、基本文の空欄に記入して文を完成させ、それを基に対話練習をした活動である。基本文の一部を変えるだけで対話活動は成立するので、「課題の難易度」は低く、下位群の生徒でも取り組めた。しかし、自分がしなければならない事柄は、12の選択肢にはなかった生徒が多くいたため、「自己関与度」は十分高くなかったと思われる。最近の生徒は、家でほとんど手伝いをしていないようである。

　13番の活動の事例から、基本文の一部分を選択肢の中から選び、その部分を変えるだけで参加できる「課題の難易度」が低い活動は下位群に支持されるが、自分のことを表現する語句が選択肢の中にない「自己選択」の要素を欠いた活動や「自己生成」の要素がないため「自己関与度」が低くなった活動は上位群には支持されないという傾向がうかがわれた。

　これらのことから、課題を設定する際は、絵や語句で選択肢を与える場合が多いが、その場合は、選択肢を与えるだけでなく、自分で考えて作ってもよいという自由度をもたせた方が下位群にも上位群にも受け入れられる課題となるように思われる。

6.　まとめと今後の課題

　中学2年生の授業で行った「特定の文法項目の定着を目的とした活動」についてアンケート調査を行い、その結果を「自己関与」、「課題の難易度」、「活動を行うパートナーとの良好な関係」という要因を中心に検討した。

　今回の調査では、「自己関与」の要因に関しては「自己選択」、「自己生成」そして「偶有性」の要素が活動意欲によい影響を与えていた。その中でも「偶有性」の要素が特に重要であった。また、「課題の難易度」に関しては、

活動中の意識が言語形式よりも意味内容に向かう、課題の難易度が低いものがよい結果を示していた。このことは、学力の上位群、下位群ともにあてはまることであった。したがって新しく学習した文法事項の定着をねらった言語活動の課題を設定する際には、選択肢を与える場合はなるべく多く用意し、なおかつ自分で付け加えてもよいという自由度を与えた方がよいと思われる。そして、対話のパートナーが何と答えるのかは聞いてみないとわからない「偶有性」の高いトピックを考えることが必要だと思われる。

　課題の種類に関しては、口頭による対話活動がなく英作文だけの活動は、下位群の生徒にとって困難さを感じさせ、積極的に取り組めない傾向がうかがわれた。「聞くこと」、「話すこと」の活動との関連で、「書くこと」の活動の在り方、授業の中の位置づけを十分考えたい。新しく学習した基本文の定着をねらった文型練習の要素が多い活動は、対話活動の内容を基に書く活動を設定した方が下位群には受け入れられるように感じる。

　今回の調査では、「特定の文法項目の定着を目的とした活動」のみを調査した。高島（2000）が提案している「使用する構文を自分で選び、ある課題を解決していくタスク活動」のような「文脈の中での文法選択」の要素が加わった難易度の高い活動の場合は、生徒はどのように感じるのであろうか。今回の調査では対象としていないためわからない。そして何よりも今回の調査は、意欲的に活動できた項目、活動できなかった項目を調査したもので、それらの学習事項が実際にどの程度定着したのかはわからない。意欲的に活動できたと感じた活動で、本当に基礎学力が定着したかの調査も必要であろう。柳井（1990:206）は、「子どもは『未来のために英語を学んでいる』とともに、『現在の瞬間に満足するような英語の活動』を求めている。だから、『現在の瞬間に、英語を学ぶよろこび』を実感できる活動であって、同時にそれが『未来を生きる』ためのものであれば理想的である」と述べている。我々英語教師は、生徒が活動意欲を感じ、なおかつその活動が確かな英語の基礎力の定着につながるものにしていく努力が必要であろう。

第2章

グループ編成の仕方が活動意欲に
与える影響についての意識調査

1. はじめに

　英語の授業では、言語活動を行う際にペアやグループという活動形態をよく使う。これらの「小集団活動」によって学力や技能の定着のみならず、人間関係づくりにも大きな成果が期待できるからである（e.g., 中嶋，2006；田尻，2009）。また、太田・池田（2007）は、一人の英語科の新任教師の授業実践の変化を3年間にわたって調査し、授業改善という視点から考察している。そして変化したことの1つとして「ペア活動・グループ活動の増加」を挙げている。教師の指導技術の向上や授業改善が進むにしたがって「小集団活動」が積極的に取り入れられている実態もうかがわれる。そして近年、英語の授業でも「協同学習」の理念を取り入れた「小集団活動」の実践も増えており、その成果が報告されている（e.g., 根岸，2010；杉本，2008）。

2. 先行研究

　英語の授業で「小集団活動」を実施するにあたっては、どんな要因に留意すべきであろうか。廣森（2007）は、ペアでタスク活動に取り組んだ高校生を対象に調査し、生徒がペア活動に意欲的に取り組んだ要因として、「タスクに対して価値を感じていること」、「タスクの難易度が適切であること」、「活動を行っているパートナーとの関係を互いに良好であると認識していること」を挙げている。中村・廣瀬（1998）は、班活動で課題に取り組んだ中学生を対象に調査を行い、班活動が有効に機能する要因として、「民主的なリーダーがいること」、「目標に向かって頑張るように励ます班員がいること」、「英語が苦手な班員に教えたりする態度」を挙げている。また、杉本（2008）は、英語授業に「小集団活動」を取り入れる場合は、生徒の学力や

技能の差が大きいため、その要因を考慮して小集団を編成しないと活動の活発さや進行状況に悪影響が出ることを指摘し、「協同学習」の理念を取り入れた文法学習、表現活動の実践例を提案している。

　先行研究から英語の授業で「小集団活動」を行う際に考慮しなければならない要因を考えると、「課題」に関すること、「指導手順」に関すること、そして「グループ編成」に関することというように3つに大別することができるように思われる。第2章では、「グループ編成」の要因について考えたい。研究課題として、グループやペアを構成する構成員によって活動意欲が変化することが挙げられる。つまり、個人の課題に対する興味・関心・態度や課題に取り組む意欲が、グループを構成する構成員によってできあがる感情、気持ちなどの影響を受けて変化する（Imai, 2010）という、いわゆる「間主観性」に関わる問題である。

　グループ編成をする際、教師はグループ内で生徒が自分の気持ちや意見を気兼ねなく出せるように、良好な「人間関係」に配慮して考える場合が多い。しかし一方で、人間関係づくりの観点から、クラスの誰とでもコミュニケーションがとれるように、活動を通して多くの級友と交流させたいという思いもある。また、「学力」の要因を考慮しないと活動の活発さや進行状況に影響が出て、学力や技能の定着が悪くなると経験から考えている。したがって、教師は、ペア活動やグループ活動を実践するにあたって、学力や技能を高めるねらいと人間関係づくりの観点からのねらいが共存し、グループ編成の仕方について悩むのである。

　そこで、中学校の英語の授業でグループ編成をする際によく用いる3つの編成の仕方（出席番号順、学力、学力と人間関係）の違いによって、課題に取り組む意欲や授業に対する達成感がどの程度変化するか調査したい。そして、英語授業のよりよいグループ編成の仕方について考えたい。

3.　調査

3.1　調査の目的

　グループ編成の仕方の違いで活動に対する意欲、授業に対する達成感がどの程度変化するのか調査し、英語授業のよりよいグループ編成の仕方について考える。

3.2　参加者

　調査の参加者は、公立中学校 3 年生 3 クラス 90 人の生徒たちである。6クラスの中から、2 回の実力テスト結果を基に学力的にほぼ等質な 3 クラスを選んだ。授業を担当する教師は、普段の授業でグループ活動、ペア活動を頻繁に実施していた。

3.3　実施時期

　調査時期は、年度末の 2 月下旬である。この時期は公立高等学校の入学試験を間近に控え、授業ではリスニング練習、教科書以外の読み物を使ったリーディング練習、英作文の練習など 3 年間の学習内容の復習をしていた。

3.4　手順

　「学力」、「出席番号順」、「学力と人間関係」を基にグループ編成をした 3クラスそれぞれで、Dictogloss（ディクトグロス）（Wajnryb, 1990）の手法を利用したグループ活動を使った授業を実施し、その授業の最後にアンケート調査を行った。そのアンケート調査結果を分析して「グループ編成の仕方が活動意欲に与える影響」を考察した。

3.5　グループ編成の仕方

　授業を実施した 3 クラスは、A、B、C とし、A クラスは「学力」がどのグループも均等になるように、B クラスは「出席番号順」に基づいた分散配置で、そして C クラスは「学力と人間関係」を基にして、以下のような人数配分で男女とも図 1 のような方法でグループを編成した。

A クラス（学力）　　　　　男子 4 人×3、3 人×1、女子 4 人×3、3 人×1
B クラス（出席番号順）　　男子 4 人×3、3 人×1、女子 4 人×3、3 人×1
C クラス（学力と人間関係）　男子 4 人×3、3 人×1、女子 4 人×3、3 人×1

図1.　グループ編成の仕方

A クラス（学力）

1	8
9	
2	7
10	15
3	6
11	14
4	5
12	13

B クラス（出席番号順）

1	8
9	
2	7
10	15
3	6
11	14
4	5
12	13

C クラス（学力と人間関係）

1	8
（　）	
2	7
（　）	（　）
3	6
（　）	（　）
4	5
（　）	（　）

1～15 は2回のテストの合
計点が高い順

1～8 は2回のテストの合計点
が高い順
（　）はその生徒と人間関係が
できている

3.6　学習課題

　授業では、「ALT と JTE の2人の会話を聞き、ALT についてわかったことを英文で書く」ことを学習課題とした。指導過程は、Dictogloss（ディクトグロス）の手法を用いて、以下のような手順で授業を進めた。なお、対話文はあらかじめ録音しておき、2回聞かせた。

⑴ Pre-listening 活動（課題についての説明を聞く）
⑵ 対話を聞きながら個人で ALT についてわかったことをメモする。
⑶ メモを基に個人で英文にする。
⑷ 個人で書いた英文を持ち寄り、グループでまとめる。
⑸ 全体で各グループが作った英文を意味内容と言語形式について正確であるか確認する。
⑹ アンケートを記入する。

3.7　分析方法

　Dictogloss の手法を使ったグループ活動を取り入れた授業の最後に以下のアンケート項目を示し、5件法（5.とてもそう思う　4.そう思う　3.どちらともいえない　2.あまり思わない　1.まったく思わない）で回答を求めた。そしてその結果を基に考察した。

3.8　アンケート項目

　アンケート調査では、先行研究を参考に「課題に対する価値」、「課題への取り組みに対する意欲」、「内容理解に対する満足度」、「グループに英語が得意な生徒がいる必要性」、「課題に対して感じる難易度」、「グループの作り方についての希望」、そして「グループ活動に対する意識」についての問いをアンケート項目とし、以下の問 1 〜問 16 のように設定し、生徒に示した。

問 1　この活動は英語の力をつけるのに役に立つと思う。
問 2　グループで協力して活動できた。
問 3　今日の授業内容はよくわかった。
問 4　授業中グループ活動があった方がよい。
問 5　この活動では同じグループの人の意見が参考になった。
問 6　グループには英語が得意な人がいた方がいいと思う。
問 7　グループ活動では、わからない人に教えてあげることが大切であると思う。
問 8　グループは仲のよい者同士でつくりたい。
問 9　グループは抽選で決めたい。
問 10　グループは自分たちの話し合いで決めたい。
問 11　グループは先生に決めてほしい。
問 12　グループは男女混合にしたい。
問 13　グループは男子だけ女子だけにしたい。
問 14　グループ活動より一人で学習したい。
問 15　全体の場よりグループの中の方が意見を言いやすい。
問 16　今日の課題は簡単だった。

4.　結果

　アンケート結果は、以下の表 1 に示す通りとなった。
　全体的な傾向として、「グループの中に英語が得意な生徒がいた方がいい」、「グループ活動ではわからない人に教えてあげることが大切」、「同じグループの人の意見が参考になった」、「授業中にグループ活動があった方がよい」と考えている生徒が多いことがわかる。グループ編成の仕方が生徒の達成感に影響を及ぼしたのかは、以下の考察で詳しく検討したい。

表1. グループごとの平均点と全体の平均点

問	内　　　　容	($n=30$) 学力		($n=30$) 出席番号順		($n=30$) 学力と人間関係		($n=90$) 全体	
		平均	標準偏差	平均	標準偏差	平均	標準偏差	平均	標準偏差
1	この活動は英語の力をつけるのに役に立つと思う	4.30	0.59	4.53	0.73	4.27	0.83	4.37	0.73
2	グループで協力して活動できた	4.27	0.78	3.90	1.21	4.13	1.07	4.10	1.04
3	今日の授業内容はよくわかった	4.17	0.65	3.90	1.09	4.13	0.90	4.07	0.90
4	授業中グループ活動があった方がよい	4.43	0.73	4.37	0.89	4.30	0.99	4.37	0.87
5	この活動では同じグループの人の意見が参考になった	4.47	0.89	4.40	0.86	4.27	1.01	4.38	0.92
6	グループには英語が得意な人がいた方がいいと思う	4.57	0.68	4.70	0.70	4.60	0.81	4.62	0.73
7	グループ活動ではわからない人に教えてあげることが大切	4.40	0.67	4.53	0.90	4.43	0.86	4.46	0.81
8	グループは仲のよい者同士でつくりたい	3.47	1.04	3.50	0.86	4.30	0.79	3.76	0.98
9	グループは抽選で決めたい	3.40	1.00	2.70	1.11	2.47	1.31	2.86	1.20
10	グループは自分たちの話し合いで決めたい	3.07	0.98	3.43	0.94	3.13	1.17	3.21	1.03
11	グループは先生に決めてほしい	3.20	0.92	2.40	1.10	2.60	1.28	2.73	1.15
12	グループは男女混合にしたい	2.53	0.78	2.20	0.92	2.37	1.00	2.37	0.91
13	グループは男子だけ女子だけにしたい	3.93	0.90	3.83	0.95	3.97	0.93	3.91	0.92
14	グループ活動より一人で学習したい	1.93	0.78	1.80	0.76	2.00	1.05	1.91	0.87
15	全体の場よりグループの中の方が意見を言いやすい	4.00	0.78	3.83	1.23	3.83	1.23	3.89	1.10
16	今日の課題は簡単だった	3.30	0.91	2.90	0.99	3.30	1.12	3.17	1.02

5.　考察

　アンケート結果を基に、「グループ編成の仕方が活動意欲に与える影響」、「課題に対して感じる価値」、「グループ編成の仕方に対する意識」、そして「グループ活動に対する意識」を中心に考察したい。Aクラスはクラス内の

どのグループも学力的に均等になるように配慮してグループ編成をした。B クラスは、「出席番号順」に基づいた分散配置であるため、「学力」、良好な「人間関係」の要因はまったく考慮されていない。そして C クラスは、良好な「人間関係」を重視してグループ編成を行い、各グループ間の学力差もある程度は解消されていた。

5.1　グループ編成の仕方の違いが活動意欲、授業の達成感に与える影響

　問 2 の「グループで協力して活動できた」は、今回の調査で明らかにしたい中心課題で、グループ編成の仕方の違いによって活動意欲がどの程度変化するかを調べる問いである。問 2 の「出席番号順」で編成したクラスの平均値が「学力」、「学力と人間関係」でグループ編成したクラスよりもやや低い。学力を考慮せずにグループ編成をすると活動に支障が出ると思われる。その原因として、グループの中に英語が得意な生徒がいないグループができたため、「個人で書いた英文を持ち寄りまとめる」というグループ活動の最終段階の活動がうまくいかなかったことが考えられる。表 3 で示した学力群別の平均値を見ると、下位群の平均値が落ち込んでいることから、特に下位群の生徒がグループ活動に参加できなかったという意識をもったようである。また、「学力」の要因でグループ編成をしたクラスの平均値が、「学力と人間関係」の要因でグループを編成したクラスよりも高いことが読み取れる。良好な「人間関係」の要因は、この年齢の生徒たちの活動意欲に大きな影響を与えるのではないかと推測していたが、3 年生の終わりにあたるこの時期は、良好な「人間関係」がかなりできあがっていたと考えられる。したがって「学力」でグループ編成をしても良好な「人間関係」の要因はある程度満たされていたのかもしれない。今回の調査では、クラス内のどのグループも学力的に均等になるように配慮したクラスの平均値が最も高い結果となった。

　問 3 の「今日の授業内容はよくわかった」は、グループ編成の仕方の違いで、学習内容の理解度に対する意識、授業の達成感がどの程度変化するかを調べる問いである。問 2 と同様に「出席番号順」の要因でグループ編成をしたクラスの平均値が他の 2 クラスと比較して低い。表 2 より 2、1 の段階に回答した生徒数が他のクラスより多いこともわかる。グループの中で英語が得意な生徒がいなかった場合、そのグループは内容理解に困難を感じること

になる。したがって「出席番号順」でグループ編成したクラスの平均値は他のクラスと比較して低くなったと考えられる。

　問 16 の「今日の課題は簡単だった」は、課題の難易度の感じ方がグループ編成の仕方の違いでどの程度変化するかを調べる問いである。「出席番号順」でグループ編成をしたクラスの平均値のみが、3.00 を下回っている。表2に示した通り、「出席番号順」でグループ編成をしたクラスは、2、1 の段階に回答した人数が多く、また表3に示した通り下位群の平均値が落ち込んでいる。一方、「学力」の要因でグループ編成をしたクラスの下位群の平均値は、同じクラスの中位群よりもやや高い。「学力」の要因で編成すると、課題の難易度に対する感じ方によい影響を与える可能性がうかがわれる。

　以上のことから、ある程度人間関係ができあがっていた3年生の3学期のクラスでは、「学力」の要因を考慮して、クラス内のどのグループも学力的に均等になるようにグループ編成をすれば、「活動に対する意欲」、「授業に対する達成感」、「課題に対して感じる難易度」によい影響を与えると思われる。たとえある程度人間関係ができあがっている状態であっても、「学力」の要因を無視してグループ編成をするとこれらの意識によい影響が現れないことが推測される。

表 2. 段階ごとの回答人数

質問事項	グループ編成	5	4	3	2	1	平均
問 2 グループで協力 して活動できた	学力	13	13	3	1	0	4.27
	出席番号順	11	11	5	0	3	3.90
	学力と人間関係	14	10	3	2	1	4.13
問 3 今日の授業は よくわかった	学力	9	17	4	0	0	4.17
	出席番号順	10	12	4	3	1	3.90
	学力と人間関係	13	9	7	1	0	4.13
問 16 今日の課題は 簡単だった	学力	3	8	15	3	1	3.30
	出席番号順	3	2	16	7	2	2.90
	学力と人間関係	5	7	12	4	2	3.30

表 3.　学力群別の平均値

質問事項	グループ編成	上位群 ($n=10$)	中位群 ($n=10$)	下位群 ($n=10$)	全体
問 2 グループで協力 して活動できた	学力	4.10	4.20	4.50	4.27
	出席番号順	4.00	4.60	3.10	3.90
	学力と人間関係	4.00	4.80	3.60	4.13
問 3 今日の授業は よくわかった	学力	4.50	4.10	3.90	4.17
	出席番号順	4.40	4.00	3.30	3.90
	学力と人間関係	4.60	4.40	3.40	4.13
問 16 今日の課題は 簡単だった	学力	3.60	3.10	3.20	3.30
	出席番号順	3.10	3.00	2.60	2.90
	学力と人間関係	3.90	3.20	2.80	3.30

5.2　課題に対する価値

　問 1 の「この活動は英語の力をつけるのに役に立つと思う」は、「課題に対する価値」をどの程度感じたかを調べる問いである。

　問 1 の全体の平均値は表 1 で示した通り、4.37 とたいへん高く、Dictogloss（ディクトグロス）を使って行った課題に対して生徒は価値を感じていたことを示している。また、下記の表 4 に示した通り、どのクラスの平均値も 4.00 を超えている。表 5 に示した通り、学力別の平均値は「学力と人間関係」の要因でグループを編成したクラスの下位群が 3.90 であるが、他はすべて 4.00 より高い数値になった。グループ編成の仕方を変えても各個人が課題に対して感じる価値は影響を受けないと思われる。この結果は、廣森（2007）の調査結果と一致している。

表 4.　段階ごとの回答人数

質問事項	グループ編成	5	4	3	2	1	平均
問 1：この活動は英 語の力をつけるのに 役に立つと思う	学力	11	17	2	0	0	4.30
	出席番号順	20	6	4	0	0	4.53
	学力と人間関係	14	11	4	1	0	4.27

表 5.　学力群別の平均値

質問事項	グループ編成	上位群 ($n=10$)	中位群 ($n=10$)	下位群 ($n=10$)	平均
問1：この活動は英語の力をつけるのに役に立つと思う	学力	4.50	4.10	4.30	4.30
	出席番号順	4.60	4.60	4.40	4.53
	学力と人間関係	4.30	4.60	3.90	4.27

5.3　グループ編成の仕方に対する生徒の意識

　次に生徒たちが望むグループ編成の仕方について検討したい。表1に示した、問8「グループは仲のよい者同士で作りたい」（平均値：3.76）、問9「グループは抽選で決めたい」（平均値：2.86）、問10「グループは自分たちの話し合いで決めたい」（平均値：3.21）、問11「グループは先生に決めてほしい」（平均値：2.73）の4つの問いの平均値を比較すると、「グループは仲のよい者同士でつくりたい」の平均値が一番高い。「グループは先生に決めてほしい」の平均値がもっとも低く、「グループは抽選で決めたい」の問いの平均値も 3.00 より低い数値となっている。しかしながら、「学力」の要因でグループ編成をしたクラスの平均値は、「グループは抽選で決めたい」が 3.40、「グループは先生に決めてほしい」が 3.20 であり、3.00 を超えている。つまり、あまりいやがっていない実態も一部で見られる。その理由として、清田（2011）が指摘するように、クラスの中には「対人関係を築くことへの不安」を感じている生徒がいて、生徒間で話し合って決めるよりも、先生に決めてもらったりたり抽選で決めたりした方が安心感を得られるのかもしれない。

　グループ構成については、問12「グループは男女混合にしたい」、問13「グループは男子だけ女子だけにしたい」を比較すると、「男子だけ女子だけ」の構成が活動しやすいと感じていることがわかる。

5.4　グループ活動に対する意識

　授業中にグループ活動を行うことに対して、生徒たちはどのように感じているのであろうか。問4の「授業中グループ活動があった方がよい」の結果は、「学力」の要因でグループ編成をしたクラスの平均値は 4.17、「出席番号順」でグループ編成をしたクラスの平均値は 4.37、「学力と人間関係」でグループ編成をしたクラスの平均値は 4.30 であった。どのクラスの平均値も

4.00 を越えており、生徒たちは、授業中にグループ活動を実施することを望んでいることがわかる。そのことは、問 14 の「グループ活動より一人で学習したい」の平均値が、どのクラスも 2.00 以下であることからもうかがわれる。

　授業中にグループ活動を実施することを望む理由として、問 5「グループの人の意見が参考になった」（平均値：4.38）、問 7「わからない人に教えてあげることは大切である」（平均値：4.46）、問 15「全体の場よりグループの中の方が意見を言いやすい」（平均値：3.89）の平均値が高いことから、グループ活動によって学習しやすい環境ができるということが考えられる。

6.　まとめと今後の課題

　グループ編成の仕方の違いが活動意欲や課題の達成感に与える影響について検討した。「学力」、「出席番号順」、「学力と人間関係」という実際に教師がグループ編成の際に使っている要因の影響について考察した。その結果、ある程度人間関係ができあがった状態である中学 3 年生の 3 学期では、3 つの中では「学力」の要因が「協力して課題に取り組む」、「授業内容がよくわかる」、「課題は易しい」という生徒の意識によい影響を与えていたことがわかった。「出席番号順」というアトランダムに編成した場合は、他の編成方法と比較して、これらの意識によい影響を与えなかった。特に学力の下位群の生徒によい影響を与えなかった。

　生徒たちが望むグループ編成の仕方については、「仲のよい者同士」で「男女別に」編成したいと考えていることがわかった。しかしながら、「教師が決める」、「抽選で決める」という方法も予想に反し一部の生徒から支持された。

　三浦（2010）は、グループを「生徒が好きな者同士で組む」場合の長所として「協力関係が最初からある」ことを挙げ、問題点として「問題児グループが発生する恐れがある」ことを指摘している。また、教師がメンバーを指定する場合の長所として「学力的に均等な集団をつくりやすい」ことを挙げ、問題点として「無理やり組まされて協力関係をゼロから作らなければならない」ことを指摘している。

　今回の調査結果や先行研究から英語授業のよりよいグループ編成の方法を考えると、教師は生徒間の人間関係を十分把握するとともに、「対人関係を

築くことへの不安」をもっている生徒もいることを考慮する必要がある。また、グループ活動を通して新しい仲間づくりや級友との人間関係を深めるという視点から考えると、グループを固定する期間も検討しなければならない。したがって、グループ編成の仕方としては、生徒だけに任せることは避け、ソシオメトリー調査等で生徒の意見を聞きながら、学力面を考慮して最終的には教師が決めるべきであろう。

　今回の調査を通して多くの課題が残された。今回の調査は、ある程度クラス内の人間関係ができあがっていた中学校3年生の3学期に実施した。クラスの人間関係が十分できていない1学期や1年生、2年生のクラスではどのような結果になるのかわからない。そしてなによりも英語という言葉を扱う教科としては、人関関係づくりに有効な課題の在り方や言語活動の運営方法を追究する必要がある。

第1部のまとめ

　第1部では、英語の授業における生徒の活動意欲に影響を与える要因について考えた。生徒の活動意欲に影響を与える要因は、多岐にわたるが、第1章では、活動で行うタスクに関わる要因について、第2章では、タスクを行う際のグループの編成方法の要因について考えた。

　タスクの「自己関与」に関わる要因の中では、「自己選択」、「自己生成」そして「偶有性」の程度が高いということが活動意欲によい影響を与えていた。また、グループ編成に関しては、「学力」の要因が影響を与えていることがわかった。

　充実した授業を行うためには、学習意欲を高めることが最も重要なことかもしれない。授業をしていて、生徒の学習意欲が高いと感じるときは、気持ちよく授業が進み定着度も高い。同じクラスでも午前中と午後では授業中の反応が違う。また、大きな行事の後と前でも変化する。生徒の学習意欲、活動意欲に影響を与える要因は多くの要素が混ざり合っている。少しずつでも生徒の学習意欲によい影響を与える要因が明らかになっていけば、生徒も教師も助かる。

生徒にとって難しい文法項目

Abstract

授業が終わり職員室に戻ると、「関係代名詞は難しいけれど、授業ではどんな活動をしていますか」であるとか、定期テストが終わった後には、「不定詞の形容詞的用法の文は定着しにくいですね」などという言葉を英語教師の間でよく交わす。生徒が学習する際に難しいと感じたり、定着がたいへんだと思ったりしている文法項目や文法事項は何であろうか。教師にとってそれらを知ることは、授業をする上でとても大切なことである。それらの文法項目を授業で導入する際には、時間をかけたい。また、くり返して指導し定着を図りたい。

もちろん、長年授業をしていれば、それらに対する答えは経験からある程度わかる。そして、教師の経験に基づいた勘はかなり正しい。その勘に加えて、調査結果に基づいた資料が欲しいと長い間思っていた。

第2部では、生徒が学習する際に難しいと感じる文法項目、文法事項について考える。そしてそれらを知るために実施した2つの調査結果を報告する。

第1章では、生徒に実施した意識調査である。調査対象の生徒たちは、1年生の時から3年生の終わりまで、授業の中で帯活動として基本文の暗唱活動に取り組んでいた。その暗唱活動で使った文の中から、90構文を選定し、それぞれの文を学習する時に、どの程度困難さを感じたか意識調査を行った。

第2章では、その生徒たちの3年間の定期テスト結果を基にした調査を扱う。1年生の最初に実施したテスト結果と比較して、テスト結果の分散が大きくなったテストはいつ実施したものか、またそのテストに出題されていた文法項目は何であったのかを調べた。そして、生徒が難しいと感じた構文の意識調査結果とテスト結果がよくなかった文法項目と一致している構文は何かを特定していった。これは、学習する際に難しいと感じ、なおかつテスト結果もよくない文法項目は何であるのかの調査である。その中で、3年生の最後のテストで80％以上の正答率を得た生徒は、1、2年生の時にはどのような結果であったのかについても調べた。つまり、中学校の英語学習の成否を決める時期はいつ頃であるのか調査した。

第1章

生徒が難しいと感じる文法項目の意識調査

1. はじめに

　生徒が学習する際に、難しいと感じる文法項目を明らかにするために意識調査を実施した。生徒は授業で、帯活動として基本文の暗唱活動に取り組んでいた。暗唱活動で使用した英文は、授業で文構造を学習し、対話練習を通して運用練習をした基本文と、教科書の本文中で使用されている文の中で、表現活動に役立つと思われる英文である。活動は、授業の最初に位置付け、ペアで一方が日本文を読み上げ、他方がそれを聞いて英文にするという活動である。その活動で1年生の6月から3年生の12月までの間に使った構文の中から、学習指導要領で分類され示された文法項目に照らし合わせて90の構文を選定した。それらの構文に対して、生徒がどの程度難しさを感じたのか意識調査を実施した。生徒が感じる難しさとは、その構文の構造と意味を理解する時に感じた難しさと、暗唱する時に感じた難しさの両面が含まれると思われる。

2. 先行研究

　中学校の学習状況を分析した、平田（2009:4）は、「単語や語順など運用能力の基礎となるような事項の定着が十分でないこと、そのために、学習が進むにつれて段々と能力の差が大きくなっていく傾向があること」を指摘している。また、旧学習指導要領の「言語活動の取扱い」の部分には、指導に対する留意点として次のようなことが示されている。

　「言語活動の取扱い」の「第2学年における言語活動」の箇所では、「第1学年における学習内容を繰り返して指導し定着を図るとともに」という記述がある。また、「第3学年における言語活動」の箇所には、「第1学年及び第

2学年における学習内容を繰り返して指導し定着を図るとともに」と記述されている。このことから、学習内容の中で定着しにくい部分は、学年をまたいで「繰り返して指導し定着を図る」ことが必要であることを示している。

　中学校の英語の授業では、毎時間のように新しい文法事項を扱う。文法についての学習は、学習内容の中で多くの割合を占めている。また、文法能力はコミュニケーション能力を構成する重要な要素であることも認識されている。文法指導について考える時、我々英語教師が考慮すべき事柄は実に多くあるが、その中で現場の教師に関わりが深いことは、「何を重点的に指導すべきか」という「項目の選定」の問題と「どのように指導すべきか」という「指導法」に関する問題だと思われる。この2つの問題は、相互に関わりが深く、切り離して考えることは難しいが、この章では、「繰り返して指導し定着を図るべき文法項目」を明らかにするために、「項目の選定」の問題を考えたい。以前、中部地区英語教育学会静岡大会の問題別討論会で「生徒の英語学習成否を決める文法事項3つとは何か」という問題を扱ったことがあった。この問題別討論会は、旧学習指導要領で示された「繰り返して指導し定着を図る」指導項目の特定を目的としていた。

　「繰り返して指導し定着を図るべき文法項目」を明らかにするためには、学習内容が実際にはどの程度定着しているのかを調べる「定着度調査」を実施することと、生徒がある文法項目を学習する際に、どの程度難しさを感じているかを調べる「意識調査」を行うことが必要であると思われる。

　中学校及び高等学校の「学習指導要領」に示された各文法項目の難易度について、定着度調査をした先行研究に、竹中・藤井・沖原・松畑・高塚（1988）がある。その中で、中学校に関わる部分については、文法項目を大項目18に整理し、さらにそれらを小項目50に分けて、形態面での理解及びそれに意味が絡んだ段階での理解を試す問題を作成し、1,075人の中学校3年生を対象に調査している。その結果を見ると、大項目については、「疑問文」、「修飾」、「関係代名詞」、「受身」の正答率が低いということがわかる。しかしながら、小項目別に見てみると、「関係代名詞」の場合は「主格」についてはかなり正答率が高く、「所有格」、「目的格」が低くなっている。このような事実から、「『関係代名詞は難しい』というような言い方は漠然とし過ぎている」（p.90）ことを指摘し、小項目まで現状を把握して指導法を考える必要があることを、今後の課題として挙げている。また、いずれの項目でも高校段階で習得、理解に強化作用が見られたことを報告している。中・

高の接続を視野に入れた指摘である。

　和田（1986）は、「中学校達成度調査」の結果を分析し、「言語材料の指導改善の視点」として、第1学年では「複数の主語に対するbe動詞の正しい使い方」、第2学年では、「不定詞の副詞としての用法のうち目的を表すもの」、「文脈から適切な語を選び出すもの」、「whoで始まる過去形の疑問文に正しく応答できる力」及び「文章から適切な前置詞を選び出す力」を試す問題の通過率が50％未満だったので、それらの指導をいっそう充実させるべきだと述べている。

　中学生の英語習得過程を調査した、太田・金谷・小菅・日臺（2003）は、英語を得意とする生徒とそうでない生徒のスピーチ原稿を比較して、「英語の得意、不得意の違いは、接続詞と主語の位置に現れる後置修飾がどれくらい使われるかによってある程度の見分けがつく」（p.190）ことを指摘している。また、対話活動の発話を分析して、「Wh疑問文や未来表現については、最初は決まり文句のように習った文をそのまま変化させずに使う段階から、だんだん自分でルールに基づき使えるように変化する過程が見て取れた」（p.190）ことを報告している。そして「Wh疑問文」は最初のうちからかなり正確に使えるように見えるが、決まり文句のように使っているためであることを指摘している。

　ある文法事項を学習し、その構文を定着させるために授業で使った英文は、そのまま使う際には誤りはほとんど見られないが、自己表現活動などで、自分で英文を作る際には誤りが現れるようである。したがって、文法事項の習得過程では、「ある文構造を理解する段階で感じる難しさ」と、「それを自分のものに（intake）していく際に感じる難しさ」があるようである。自己表現活動に焦点を当てて考えると、ある表現を習得していく過程において現れるエラーは必ずしも悪いものではないことを示している。

　文法項目の定着度に関する先行研究は、ある文法項目の習得状況について受容（reception）面を中心に調べたものと発表（production）面を中心に調べたものがあり、それぞれの技能の指導に際して多くの示唆を与えてくれる。また、金谷（1992:64）が指摘するように、文法項目の難易度を考える際に「項目同士、比較しやすいものとそうでないものがある」ことも事実である。したがって、難易度の基準は、調査する者それぞれの主観よって変わってくると言える。

3. 調査

3.1　調査の目的

　基本文の暗唱活動で使用した英文の中の 90 構文について、生徒は活動する際にどの程度難しさを感じたかの調査を行い、「繰り返して指導し定着を図るべき文法項目」を明らかにする。

3.2　調査構文

　調査対象とした構文は、表 1 の「構文一覧表」に示した 90 の英文である。

表 1．構文一覧表

No.	構　　　　　文	文法項目
1	Let's play tennis.	命令文
2	Look at these bottles.	命令文
3	Tell me about your school.	命令文
4	When I was 6 years old, I liked Ampanman.	接続詞
5	May I use your pen?	助動詞
6	Shall I open the window?	助動詞
7	Can you play the guitar?	助動詞
8	Which drink do you like, tea or juice?	Wh 疑問文
9	What subject do you like?	Wh 疑問文
10	When is your birthday?	Wh 疑問文
11	Where are you from?	Wh 疑問文
12	Who is that girl?	Wh 疑問文
13	Whose notebook is this?	Wh 疑問文
14	What time do you get up?	Wh 疑問文
15	How many dolls do you have?	Wh 疑問文
16	How do you say tenji in English?	Wh 疑問文
17	Can you speak English?	助動詞
18	I see.	主語＋動詞
19	She is my new friend.	主語＋動詞＋補語
20	I'm sleepy.	主語＋動詞＋補語
21	We are classmates.	主語＋動詞＋補語
22	That tall boy is a junior high school student.	主語＋動詞＋補語
23	He looks happy.	主語＋動詞＋補語
24	That sounds interesting.	主語＋動詞＋補語

32

25	Gnus look like cows.	主語＋動詞＋補語
26	I like baseball.	主語＋動詞＋目的語
27	Do you play baseball?	疑問文
28	I don't like octopus.	主語＋動詞＋目的語
29	She studies Chinese at school.	主語＋動詞＋目的語
30	He has a lot of candies.	主語＋動詞＋目的語
31	Does your father have any hobbies?	疑問文
32	My brother doesn't teach English.	否定文
33	I know how to play the guitar.	主語＋動詞＋how to〜
34	I think that math is difficult.	主語＋動詞＋that
35	I know that Shun is a good soccer player.	主語＋動詞＋that
36	I am happy to hear that.	主語＋動詞＋to 不定詞
37	I know how to make tsuru.	主語＋動詞＋to 不定詞
38	I know what to do.	主語＋動詞＋what to〜
39	My uncle gave me a book.	主語＋動詞＋目的語＋目的語
40	Shun taught me how to send e-mail.	主語＋動詞＋目的語＋不定詞
41	I named my dog Pochi.	主語＋動詞＋目的語＋補語
42	My friends call me Taku.	主語＋動詞＋目的語＋補語
43	There is a desk in my room.	There＋be 動詞＋〜
44	There are some books on the table.	There＋be 動詞＋〜
45	Is there a desk in your room?	There＋be 動詞＋〜
46	Are there any books on the table?	There＋be 動詞＋〜
47	It is important for us to understand other cultures.	It〜for〜to 不定詞
48	I asked my father to help me.	主語＋ask＋目的語＋不定詞
49	Her name is Mihi.	人称代名詞
50	I like him very much.	人称代名詞
51	I have a friend who lives in London.	関係代名詞・主格
52	I know the animal which comes from Africa.	関係代名詞・主格
53	The food which I like is pizza.	関係代名詞・目的格
54	The musician that I like is Stevie.	関係代名詞・目的格
55	I played tennis with my friend.	過去形・規則動詞
56	I went to Shizuoka last Sunday.	過去形・不規則動詞
57	Did you watch TV last Sunday?	過去形・疑問文
58	I'm cooking zoni.	現在進行形
59	What are you doing now?	現在進行形
60	I was home yesterday.	過去形・be 動詞
61	I was watching TV at eight last night.	過去進行形
62	What were you doing at eight last night?	過去進行形

63	I will play basketball tomorrow.	未来形
64	Will you go to Shizuoka next Sunday?	未来形・疑問文
65	I'm going to stay at my uncle's house.	未来形
66	How long are you going to stay?	未来形
67	I have already done my homework.	現在完了形・完了
68	Have you done your homework yet?	現在完了形・完了
69	You haven't drawn the curtains yet.	現在完了形・完了
70	I have lived in Yaizu for 14 years.	現在完了形・継続
71	How long have you studied English?	現在完了形・継続
72	Have you ever been to England?	現在完了形・経験
73	My father is older than my mother.	比較の文
74	This book is more interesting than that one.	比較の文
75	Ryo is the tallest of the three.	最上級の文
76	This book is the most interesting of the five.	最上級の文
77	Anime is as popular as Western animation.	同等比較
78	I like the Dragonball the best.	副詞の最上級の文
79	I want to know about 3R's.	不定詞・名詞的用法
80	I like to play basketball.	不定詞・名詞的用法
81	I went to a book store to buy a comic book.	不定詞・副詞的用法
82	Do you have anything to drink?	不定詞・形容詞的用法
83	What do you want to be in the future?	不定詞・名詞的用法
84	I like watching Japanese movies.	動名詞
85	I enjoy studying about Japan.	動名詞
86	I know the girl playing tennis over there.	現在分詞の後置修飾
87	I have a watch made in England.	過去分詞の後置修飾
88	This book was written by him.	受身の文
89	Are windmills used in many countries?	受身の文
90	What language is spoken in Germany?	受身の文

3.3　参加者

　調査の参加者は、同じ教師が 1 年生の時から授業を担当していた中学校の 3 年生 5 クラスの生徒（162 人）である。3 回の定期テスト結果を基に学力の上位群（54 人）、中位群（54 人）、そして下位群（54 人）を設定した。

3.4　手順

　調査に際しては、表 1 の「構文一覧表」に回答欄を付けたものを配布し、暗唱活動をした時や構文を学習した時に、どの程度難しさを感じたか回答さ

せた。

　調査は、5 段階で回答を求めた。判定基準は「5.　とても難しい　4.　やや難しい　3.　普通　2.　やや簡単 1.　とても簡単」である。調査時期は、12 月後半の第 2 学期終了時期である。全体の構文を一通り見渡してから回答するように指示し、全員が回答し終わるまで十分に時間をとって実施した。

3.5　分析方法

　生徒が回答した 90 項目について、どの構文に難しさを感じたのか、回答の平均値から読み取り考察した。また、学力の違いで難しく感じる構文が変化するかも考察した。

4.　結果

　90 項目（450 点満点）で参加者 162 人の平均値、及び学力群別の平均値は以下の表 2 に示した。

　上位群の平均値が最も低く、構文に難しさを感じていない傾向がうかがえる。下位群の平均値が最も高く、構文の学習時に難しさを感じていたことがわかる。また項目ごとの全体の平均値は表 3 に、上位群の平均値は表 4 に、中位群の平均値は表 5 に、そして下位群の平均値は、表 6 に示した。学力によって難しさを感じる構文の種類は、一部の構文で特色が認められた。詳細については、考察の部分で検討したい。

表 2．全体及び学力群別の平均値

	平均	標準偏差
上位群 （$n = 54$）	197.33	55.28
中位群 （$n = 54$）	216.24	46.26
下位群 （$n = 54$）	258.06	67.02
全体 （$n = 162$）	223.88	61.94

450 点満点

表 3．全体

難易度	No	構　　　　文	平均	分散
1	47	It is important for us to understand other cultures.	3.63	1.41
2	77	Anime is as popular as Western animation.	3.59	0.93
3	76	This book is the most interesting of the five.	3.58	1.05
4	74	This book is more interesting than that one.	3.43	1.04
5	62	What were you doing at eight last night?	3.28	1.11
6	22	That tall boy is a junior high school student.	3.27	1.33
7	83	What do you want to be in the future?	3.23	0.92
8	69	You haven't drawn the curtains yet.	3.22	1.04
9	75	Ryo is the tallest of the three.	3.22	1.09
10	89	Are windmills used in many countries?	3.21	0.99
11	65	I'm going to stay at my uncle's house.	3.15	1.08
12	16	How do you say tenji in English?	3.12	1.02
13	86	I know the girl playing tennis over there.	3.12	1.05
14	46	Are there any books on the table?	3.10	1.05
15	25	Gnus look like cows.	3.10	1.22
16	52	I know the animal which comes from Africa.	3.09	1.26
17	40	Shun taught me how to send e-mail.	3.05	1.04
18	48	I asked my father to help me.	3.05	1.12
19	35	I know that Shun is a good soccer player.	2.96	1.15
20	45	Is there a desk in your room?	2.96	1.11
21	78	I like the Dragonball the best.	2.96	1.21
22	79	I want to know about 3R's.	2.96	1.09
23	90	What language is spoken in Germany?	2.96	1.28
24	66	How long are you going to stay?	2.93	1.08
25	54	The musician that I like is Stevie.	2.91	1.04
26	61	I was watching TV at eight last night.	2.91	1.07
27	68	Have you done your homework yet?	2.86	1.25
28	82	Do you have anything to drink?	2.85	1.12
29	73	My father is older than my mother.	2.84	1.27
30	87	I have a watch made in England.	2.83	1.18
31	53	The food which I like is pizza.	2.83	1.10
32	51	I have a friend who lives in London.	2.81	1.12
33	24	That sounds interesting.	2.81	1.00
34	85	I enjoy studying about Japan.	2.29	0.92
35	8	Which drink do you like, tea or juice?	2.77	1.21
36	67	I have already done my homework.	2.71	1.18

37	81	I went to a book store to buy a comic book.	2.69	1.44
38	64	Will you go to Shizuoka next Sunday?	2.64	1.25
39	34	I think that math is difficult.	2.64	1.35
40	14	What time do you get up?	2.62	1.07
41	55	I played tennis with my friend.	2.61	1.02
42	84	I like watching Japanese movies.	2.59	1.01
43	44	There are some books on the table.	2.58	1.04
44	50	I like him very much.	2.52	1.05
45	33	I know how to play the guitar.	2.50	1.03
46	88	This book was written by him.	2.50	1.18
47	2	Look at these bottles.	2.49	1.13
48	32	My brother doesn't teach English.	2.48	1.18
49	31	Does your father have any hobbies?	2.46	1.09
50	71	How long have you studied English?	2.46	1.13
51	63	I will play basketball tomorrow.	2.44	1.22
52	70	I have lived in Yaizu for 14 years.	2.44	1.09
53	30	He has a lot of candies.	2.43	1.17
54	29	She studies Chinese at school.	2.40	1.02
55	43	There is a desk in my room.	2.40	0.99
56	72	Have you ever been to England?	2.38	1.33
57	38	I know what to do.	2.34	1.18
58	56	I went to Shizuoka last Sunday.	2.33	0.99
59	57	Did you watch TV last Sunday?	2.33	1.10
60	49	Her name is Mihi.	2.31	1.11
61	13	Whose notebook is this?	2.28	1.20
62	39	My uncle gave me a book.	2.20	0.97
63	19	She is my new friend.	2.19	1.00
64	37	I know how to make tsuru.	2.16	1.04
65	59	What are you doing now?	2.15	1.14
66	41	I named my dog Pochi.	2.06	1.04
67	58	I'm cooking zoni.	2.04	1.08
68	12	Who is that girl?	2.03	1.14
69	21	We are classmates.	2.01	1.05
70	4	When I was 6 years old, I liked Ampanman.	1.98	1.14
71	11	Where are you from?	1.92	1.07
72	10	When is your birthday?	1.91	1.04
73	36	I am happy to hear that.	1.91	0.98
74	7	Can you play the guitar?	1.90	0.99

75	42	My friends call me Taku.	1.88	0.93
76	5	May I use your pen?	1.86	0.98
77	80	I like to play basketball.	1.83	0.91
78	23	He looks happy.	1.83	0.98
79	17	Can you speak English?	1.82	0.91
80	15	How many dolls do you have?	1.75	0.97
81	9	What subject do you like?	1.73	1.00
82	60	I was home yesterday.	1.73	0.88
83	3	Tell me about your school.	1.70	0.93
84	6	Shall I open the window?	1.67	0.86
85	1	Let's play tennis.	1.41	0.68
86	28	I don't like octopus.	1.33	0.62
87	18	I see.	1.29	0.57
88	20	I'm sleepy.	1.28	0.51
89	27	Do you play baseball?	1.25	0.45
90	26	I like baseball.	1.14	0.32

表 4 ．上位群

難易度	No	構　　文	平均	分散
1	77	Anime is as popular as Western animation.	3.19	1.02
2	47	It is important for us to understand other cultures.	3.13	1.59
3	76	This book is the most interesting of the five.	3.11	1.23
4	74	This book is more interesting than that one.	3.04	1.02
5	83	What do you want to be in the future?	2.96	0.98
6	16	How do you say tenji in English?	2.87	1.10
7	48	I asked my father to help me.	2.83	1.20
8	78	I like the Dragonball the best.	2.81	1.29
9	89	Are windmills used in many countries?	2.81	0.83
10	69	You haven't drawn the curtains yet.	2.80	0.88
11	75	Ryo is the tallest of the three.	2.80	1.07
12	25	Gnus look like cows.	2.78	1.12
13	82	Do you have anything to drink?	2.78	1.04
14	52	I know the animal which comes from Africa.	2.74	1.03
15	86	I know the girl playing tennis over there.	2.72	1.15
16	53	The food which I like is pizza.	2.70	0.97
17	54	The musician that I like is Stevie.	2.70	0.85
18	90	What language is spoken in Germany?	2.70	0.97
19	62	What were you doing at eight last night?	2.69	0.97

20	22	That tall boy is a junior high school student.	2.67	1.40
21	46	Are there any books on the table?	2.59	0.96
22	65	I'm going to stay at my uncle's house.	2.59	1.00
23	35	I know that Shun is a good soccer player.	2.57	1.08
24	66	How long are you going to stay?	2.57	0.93
25	24	That sounds interesting.	2.56	0.93
26	51	I have a friend who lives in London.	2.54	1.01
27	79	I want to know about 3R's.	2.54	0.93
28	8	Which drink do you like, tea or juice?	2.50	0.86
29	68	Have you done your homework yet?	2.48	1.01
30	73	My father is older than my mother.	2.48	1.01
31	40	Shun taught me how to send e-mail.	2.43	1.00
32	87	I have a watch made in England.	2.43	0.97
33	45	Is there a desk in your room?	2.41	0.96
34	14	What time do you get up?	2.39	0.88
35	61	I was watching TV at eight last night.	2.35	0.91
36	67	I have already done my homework.	2.33	0.91
37	85	I enjoy studying about Japan.	2.33	0.87
38	71	How long have you studied English?	2.30	0.93
39	81	I went to a book store to buy a comic book.	2.30	1.08
40	34	I think that math is difficult.	2.28	1.07
41	44	There are some books on the table.	2.26	0.76
42	70	I have lived in Yaizu for 14 years.	2.26	0.95
43	72	Have you ever been to England?	2.19	0.95
44	55	I played tennis with my friend.	2.15	0.58
45	84	I like watching Japanese movies.	2.15	0.81
46	2	Look at these bottles.	2.13	0.76
47	88	This book was written by him.	2.13	0.83
48	31	Does your father have any hobbies?	2.11	0.89
49	38	I know what to do.	2.09	0.80
50	43	There is a desk in my room.	2.09	0.76
51	50	I like him very much.	2.09	0.76
52	64	Will you go to Shizuoka next Sunday?	2.09	0.92
53	41	I named my dog Pochi.	2.07	0.82
54	63	I will play basketball tomorrow.	2.07	0.94
55	33	I know how to play the guitar.	2.04	0.68
56	13	Whose notebook is this?	2.02	0.81
57	39	My uncle gave me a book.	2.02	0.66

58	32	My brother doesn't teach English.	1.94	0.81
59	56	I went to Shizuoka last Sunday.	1.94	0.66
60	49	Her name is Mihi.	1.91	0.69
61	4	When I was 6 years old, I liked Ampanman.	1.89	0.89
62	30	He has a lot of candies.	1.89	0.70
63	36	I am happy to hear that.	1.89	0.67
64	37	I know how to make tsuru.	1.89	0.63
65	42	My friends call me Taku.	1.89	0.63
66	59	What are you doing now?	1.89	0.82
67	29	She studies Chinese at school.	1.87	0.68
68	5	May I use your pen?	1.83	0.63
69	57	Did you watch TV last Sunday?	1.83	0.63
70	58	I'm cooking zoni.	1.83	0.56
71	19	She is my new friend.	1.81	0.61
72	23	He looks happy.	1.81	0.64
73	12	Who is that girl?	1.80	0.69
74	15	How many dolls do you have?	1.80	0.81
75	7	Can you play the guitar?	1.78	0.59
76	21	We are classmates.	1.78	0.74
77	80	I like to play basketball.	1.78	0.55
78	6	Shall I open the window?	1.74	0.69
79	10	When is your birthday?	1.70	0.51
80	9	What subject do you like?	1.67	0.49
81	11	Where are you from?	1.65	0.57
82	17	Can you speak English?	1.59	0.51
83	60	I was home yesterday.	1.59	0.43
84	3	Tell me about your school.	1.50	0.48
85	20	I'm sleepy.	1.30	0.36
86	28	I don't like octopus.	1.19	0.27
87	1	Let's play tennis.	1.17	0.18
88	18	I see.	1.17	0.25
89	27	Do you play baseball?	1.17	0.25
90	26	I like baseball.	1.09	0.16

表5．中位群

難易度	No	構　　　　文	平均	分散
1	77	Anime is as popular as Western animation.	3.70	0.82
2	76	This book is the most interesting of the five.	3.69	0.96
3	74	This book is more interesting than that one.	3.50	0.93
4	47	It is important for us to understand other cultures.	3.48	1.31
5	62	What were you doing at eight last night?	3.37	0.99
6	22	That tall boy is a junior high school student.	3.33	0.91
7	16	How do you say tenji in English?	3.31	0.79
8	69	You haven't drawn the curtains yet.	3.24	1.13
9	75	Ryo is the tallest of the three.	3.24	0.94
10	25	Gnus look like cows.	3.17	1.05
11	65	I'm going to stay at my uncle's house.	3.17	0.82
12	46	Are there any books on the table?	3.13	0.79
13	40	Shun taught me how to send e-mail.	3.09	0.65
14	89	Are windmills used in many countries?	3.07	0.86
15	83	What do you want to be in the future?	3.02	0.70
16	86	I know the girl playing tennis over there.	3.02	0.74
17	45	Is there a desk in your room?	3.00	0.91
18	79	I want to know about 3R's.	2.98	1.00
19	35	I know that Shun is a good soccer player.	2.96	0.90
20	48	I asked my father to help me.	2.94	1.03
21	78	I like the Dragonball the best.	2.94	1.00
22	24	That sounds interesting.	2.93	0.90
23	85	I enjoy studying about Japan.	2.93	0.67
24	61	I was watching TV at eight last night.	2.91	0.92
25	52	I know the animal which comes from Africa.	2.83	1.31
26	66	How long are you going to stay?	2.83	0.82
27	53	The food which I like is pizza.	2.78	1.01
28	54	The musician that I like is Stevie.	2.78	0.93
29	87	I have a watch made in England.	2.78	0.97
30	14	What time do you get up?	2.72	0.73
31	50	I like him very much.	2.72	0.92
32	34	I think that math is difficult.	2.70	1.34
33	55	I played tennis with my friend.	2.69	0.79
34	8	Which drink do you like, tea or juice?	2.67	1.17
35	90	What language is spoken in Germany?	2.65	1.21
36	51	I have a friend who lives in London.	2.63	1.14

37	73	My father is older than my mother.	2.63	1.14
38	64	Will you go to Shizuoka next Sunday?	2.57	0.93
39	68	Have you done your homework yet?	2.57	1.00
40	2	Look at these bottles.	2.56	0.89
41	84	I like watching Japanese movies.	2.56	0.78
42	82	Do you have anything to drink?	2.54	0.86
43	29	She studies Chinese at school.	2.52	0.74
44	33	I know how to play the guitar.	2.52	1.05
45	44	There are some books on the table.	2.50	0.82
46	30	He has a lot of candies.	2.48	1.08
47	81	I went to a book store to buy a comic book.	2.48	1.16
48	13	Whose notebook is this?	2.43	1.15
49	32	My brother doesn't teach English.	2.41	0.85
50	67	I have already done my homework.	2.41	0.89
51	31	Does your father have any hobbies?	2.31	0.67
52	49	Her name is Mihi.	2.31	0.94
53	19	She is my new friend.	2.30	0.74
54	43	There is a desk in my room.	2.28	0.92
55	38	I know what to do.	2.24	1.09
56	56	I went to Shizuoka last Sunday.	2.22	0.82
57	88	This book was written by him.	2.22	0.93
58	63	I will play basketball tomorrow.	2.20	0.84
59	57	Did you watch TV last Sunday?	2.17	0.90
60	70	I have lived in Yaizu for 14 years.	2.13	0.72
61	71	How long have you studied English?	2.11	0.86
62	12	Who is that girl?	2.04	0.90
63	72	Have you ever been to England?	2.00	1.13
64	59	What are you doing now?	1.96	0.90
65	37	I know how to make tsuru.	1.94	0.85
66	39	My uncle gave me a book.	1.94	0.69
67	41	I named my dog Pochi.	1.91	0.69
68	58	I'm cooking zoni.	1.91	0.95
69	17	Can you speak English?	1.85	0.66
70	10	When is your birthday?	1.81	0.95
71	4	When I was 6 years old, I liked Ampanman.	1.80	0.81
72	21	We are classmates.	1.80	0.84
73	11	Where are you from?	1.78	0.86
74	23	He looks happy.	1.78	0.86

75	5	May I use your pen?	1.74	0.65
76	7	Can you play the guitar?	1.74	0.72
77	36	I am happy to hear that.	1.70	0.67
78	42	My friends call me Taku.	1.67	0.64
79	6	Shall I open the window?	1.61	0.58
80	80	I like to play basketball.	1.59	0.66
81	9	What subject do you like?	1.57	0.66
82	15	How many dolls do you have?	1.54	0.52
83	1	Let's play tennis.	1.41	0.51
84	3	Tell me about your school.	1.41	0.40
85	60	I was home yesterday.	1.41	0.48
86	28	I don't like octopus.	1.20	0.24
87	18	I see.	1.19	0.30
88	20	I'm sleepy.	1.17	0.22
89	27	Do you play baseball?	1.13	0.11
90	26	I like baseball.	1.07	0.18

表6．下位群

難易度	No	構　　　　文	平均	分散
1	47	It is important for us to understand other cultures.	4.28	0.69
2	76	This book is the most interesting of the five.	3.94	0.62
3	77	Anime is as popular as Western animation.	3.89	0.70
4	22	That tall boy is a junior high school student.	3.81	1.06
5	62	What were you doing at eight last night?	3.80	0.77
6	74	This book is more interesting than that one.	3.76	0.94
7	89	Are windmills used in many countries?	3.74	0.84
8	65	I'm going to stay at my uncle's house.	3.70	0.82
9	83	What do you want to be in the future?	3.70	0.78
10	52	I know the animal which comes from Africa.	3.69	0.94
11	40	Shun taught me how to send e-mail.	3.63	0.77
12	69	You haven't drawn the curtains yet.	3.63	0.80
13	75	Ryo is the tallest of the three.	3.61	0.96
14	86	I know the girl playing tennis over there.	3.61	0.88
15	46	Are there any books on the table?	3.59	0.93
16	68	Have you done your homework yet?	3.52	1.12
17	90	What language is spoken in Germany?	3.52	1.24
18	45	Is there a desk in your room?	3.46	0.93
19	61	I was watching TV at eight last night.	3.46	0.78

20	73	My father is older than my mother.	3.41	1.19
21	66	How long are you going to stay?	3.39	1.19
22	48	I asked my father to help me.	3.37	0.99
23	67	I have already done my homework.	3.37	1.11
24	25	Gnus look like cows.	3.35	1.36
25	79	I want to know about 3R's.	3.35	1.02
26	35	I know that Shun is a good soccer player.	3.33	1.21
27	81	I went to a book store to buy a comic book.	3.30	1.57
28	87	I have a watch made in England.	3.30	1.27
29	51	I have a friend who lives in London.	2.28	0.92
30	64	Will you go to Shizuoka next Sunday?	3.26	1.25
31	54	The musician that I like is Stevie.	3.24	1.21
32	82	Do you have anything to drink?	3.24	1.24
33	16	How do you say tenji in English?	3.19	1.10
34	8	Which drink do you like, tea or juice?	3.15	1.41
35	88	This book was written by him.	3.15	1.19
36	85	I enjoy studying about Japan.	3.13	0.91
37	78	I like the Dragonball the best.	3.11	1.35
38	32	My brother doesn't teach English.	3.07	1.19
39	63	I will play basketball tomorrow.	3.06	1.34
40	84	I like watching Japanese movies.	3.06	1.07
41	53	The food which I like is pizza.	3.00	1.32
42	55	I played tennis with my friend.	3.00	1.36
43	44	There are some books on the table.	2.98	1.30
44	57	Did you watch TV last Sunday?	2.98	1.11
45	71	How long have you studied English?	2.96	1.24
46	24	That sounds interesting.	2.94	1.11
47	31	Does your father have any hobbies?	2.94	1.37
48	33	I know how to play the guitar.	2.94	1.00
49	70	I have lived in Yaizu for 14 years.	2.94	1.19
50	72	Have you ever been to England?	2.94	1.45
51	34	I think that math is difficult.	2.93	1.47
52	30	He has a lot of candies.	2.91	1.22
53	29	She studies Chinese at school.	2.82	1.21
54	43	There is a desk in my room.	2.82	1.02
55	56	I went to Shizuoka last Sunday.	2.82	1.13
56	2	Look at these bottles.	2.80	1.56
57	14	What time do you get up?	2.76	1.54

58	50	I like him very much.	2.76	1.21
59	49	Her name is Mihi.	2.70	1.42
60	38	I know what to do.	2.69	1.50
61	37	I know how to make tsuru.	2.65	1.33
62	39	My uncle gave me a book.	2.63	1.29
63	59	What are you doing now?	2.61	1.41
64	19	She is my new friend.	2.44	1.46
65	21	We are classmates.	2.44	1.31
66	13	Whose notebook is this?	2.41	1.57
67	58	I'm cooking zoni.	2.37	1.60
68	11	Where are you from?	2.33	1.55
69	12	Who is that girl?	2.26	1.74
70	4	When I was 6 years old, I liked Ampanman.	2.24	1.66
71	3	Tell me about your school.	2.20	1.56
72	10	When is your birthday?	2.20	1.56
73	41	I named my dog Pochi.	2.20	1.60
74	60	I was home yesterday.	2.20	1.41
75	7	Can you play the guitar?	2.17	1.58
76	36	I am happy to hear that.	2.13	1.55
77	80	I like to play basketball.	2.13	1.40
78	42	My friends call me Taku.	2.07	1.47
79	17	Can you speak English?	2.02	1.49
80	5	May I use your pen?	2.00	1.66
81	9	What subject do you like?	1.96	1.81
82	15	How many dolls do you have?	1.93	1.54
83	23	He looks happy.	1.89	1.46
84	1	Let's play tennis.	1.65	1.25
85	6	Shall I open the window?	1.65	1.33
86	28	I don't like octopus.	1.61	1.26
87	18	I see.	1.52	1.08
88	27	Do you play baseball?	1.44	0.93
89	20	I'm sleepy.	1.37	0.95
90	26	I like baseball.	1.24	0.60

5.　考察

　全体的な傾向として表2で示した通り、下位群の平均値が最も高く、中位群、上位群の順に平均値が下がっている。学力が低いほど構文の学習に難し

さを感じている傾向がうかがわれた。

　次に、「繰り返して指導し定着を図るべき文法項目」を明らかにするために、どの構文に難しさを感じたのか考察したい。

　表3に示した全体の集計結果から、難易度の上位10%に入ったものは、（No.47）の It…for〜 to…の不定詞、（No.77）、（No.76）、（No.74）の3音節以上ある長い形容詞を用いた比較の文、（No.62）の過去進行形の Wh 疑問文、（No.22）の主語に修飾語が付いた文、（No.83）の不定詞の Wh 疑問文、（No.69）の現在完了形の否定文、（No.75）の比較の文であった。生徒は、これらの構文を学習したり、暗唱したりする際に難しさを感じていたことがわかった。これらの構文の中で、（No.22）の That tall boy is a junior high school student. の主語に修飾語が付いた文は、中学校1年生の1学期に学習したものである。今回、調査対象とした文の中では、英語学習を始めてから、最初に出会う難しさを強く感じる文ということになる。また、表4、表5、表6の学力群別の集計結果からわかるように、上位群の生徒の難易度が、第20位になっているのに対して、中位群は第6位、下位群が第4位になっている。学力が低いほど難しさを感じる傾向が強いこと、中学3年生の段階での調査であるにも関わらず、難易度が高い順位にあることからも、「繰り返して指導し定着を図るべき文法項目」の1つであると考えられる。この主語に前置修飾が付いた文は、生徒が使用している教科書本文中では、肯定文ではなく、Is that tall boy a junior high school student? というように疑問形で使われている。生徒にとっては、どこまでが主部であるのか理解しにくい文だと思われる。つまり、1年生で形容詞、指示代名詞などが使われ始め、主部と述部が理解しにくくなった時に、十分にその文構造を理解させるとともに、疑問形、否定形などを織り交ぜて、繰り返し言語活動によって使う練習を行う必要がある構文だと考えられる。また、（No.86）の後置修飾の文も第13位になっており、難しさを感じているようである。

　次に生徒が出会う、難しさを感じる構文は、3音節以上ある長い形容詞を使った比較の文である。これらの構文は、2年生で学習するものである。同等比較、最上級、比較級とも上位にランクされ、上位群、中位群、下位群とも難しさを感じている。また、-er, -est 形の一般的な比較の文も第29位、第9位と上位にランクされている。形容詞や副詞が変化することに難しさを感じるのかもしれない。これらの比較の文も「繰り返して指導し定着を図るべき文法項目」であろう。

　第3番目の文法項目は、不定詞である。全体の集計で第1位にランクされた構文は、It..for..to〜の不定詞で、特殊用法であるが、実際にはよく使われる構文である。また不定詞とWh語を組み合わせた疑問文が第7位にランクされ、主語＋ask＋目的語＋不定詞の構文も第18位となっている。上位群の生徒が特に難しさを感じる構文に選んでいることからも、十分に時間をかけて繰り返し練習すべき構文であろう。

6.　まとめと今後の課題

　生徒を対象にしたアンケート調査を基に「中学生が難しいと感じる文法項目は何か」という視点から、「繰り返して指導し定着を図るべき文法項目」を考察してきた。その結果、「修飾」、「比較の文」、「不定詞」という3つの文法項目が浮かび上がってきた。

　しかしながら、違う教え方をしている教師に授業を受けた生徒を対象に調査した場合は、異なる結果が出るかもしれない。また、実際にどの程度定着しているのか「定着度調査」をすれば、異なる文法項目が出てくるかもしれない。今回の考察は、「生徒が難しいと感じる」という視点からの分析である。

　調査対象にした英文は、「暗唱活動で使用した構文」である。暗唱活動は、英語の基礎を身に付ける中学校段階では、何らかの形で実施することを避けて通ることができない活動であると考えたからである。田尻（2008）は、学習の過程を、①意味・構造理解、②暗記、③入れ替え練習、④応用という4段階に設定している。「自分の頭の中にある考えや思いを表現する活動」を実施する前に、「英文の語句や意味・構造を理解し、それらを暗記し、暗記した文の一部を別の語句に変えて新しい文を作る活動」が必要であることを指摘している。暗唱活動を含め、それらの基礎力を定着させる活動をする際に生徒が感じる難しさは、英語学習成否を決める大きな要因になると考えられ、またそれらの構文は、「繰り返して指導し定着を図るべき文法項目」であると考えられる。

　今回の調査を通して、多くの課題も残された。「指導方法」も「指導項目」と同様に考えなければならない重要な要因である。コミュニケーションは、スキルがないと成立しない。基本構文を理解し、すぐにスキルを必要とする「コミュニケーション活動」を実施しても、あまり効果は期待できない。蒋

田・肥沼・久保野・植野（2008：128）は、「具体的な言語活動については、置き換え練習、ドリル練習のような自由度の低い練習と、使える感覚を刺激するような自由作文のような自由度の高い活動の両方をバランスよく、しかも細かいステップを踏んで行うことが望ましい」ことを指摘し、そして「しかし、ともすれば、単純なドリルの後すぐに自由作文を書かせるなど、中段階の活動が薄くなるきらいがある」ことも指摘し、自由度が中程度の活動の開発をしていくことの必要性を訴えている。繰り返して指導すべき「項目の選定」と、それをどのように指導していくかという「指導法」は、同時に考えなければならない事柄であろう。

第2章

テスト結果による生徒が難しく感じる文法項目調査

1. はじめに

　文法指導に際して、特に「繰り返して指導し定着を図るべき文法項目」とは何であろうか。その答えを求めて、第1章では、中学3年生を対象にアンケートを実施し、中学生が学習する際に困難を感じる文法項目を調査した。生徒は授業で、帯活動として暗唱活動に取り組んだ。暗唱活動で使用した英文は、授業で文構造を学習し、対話練習を通して運用練習をした基本文と、教科書の本文中で使用されている文の中で、表現活動に役立つと思われる英文である。活動は、授業の最初に位置付け、ペアで一方が日本文を読み上げ、他方がそれを聞いて英文にするという活動である。その活動で1年生の6月から3年生の12月までの間に使った構文の中から、学習指導要領で分類され示された文法項目に照らし合わせて90の構文を選定した。それらの構文に対して、生徒がどの程度難しさを感じたのか意識調査を実施した。調査では、5段階評定（5. 大変難しい　4. 難しい　3. 普通　2. 易しい　1. 大変易しい）で回答を求め、その結果から考察した。

　この第2章の調査は、その調査で対象とした同じ生徒たちの3年間の定期テスト結果を分析し、テスト結果からみた「繰り返して指導し定着を図るべき文法項目」を調べ、それを第1章の意識調査結果と比較することを通して、「繰り返して指導し定着を図るべき文法項目」をより明確にすることを目的としている。また、英語学習を始めてどれくらい経った時期から学力差が顕著になるのかを調べ、中学校3年間の中で、「特に注意して指導すべき時期」を明らかにしたい。

2.　調査

2.1　調査の目的

　本調査の目的は、以下の①～④について考察し、「繰り返して指導し定着を図るべき文法項目」を明確にするとともに、3 年間の英語学習で学力差が顕著になった時期を調べ、「特に注意して指導すべき時期」を明らかにすることにある。

① 3 年間の定期テストの中で得点の分散の拡大が顕著になった時期はいつか。
② 3 年間の定期テストの中で得点の分散が大きかったテストに出題された文法項目は何か。
③ 「中学生が難しいと感じる文法項目」の意識調査結果と「分散が大きかった定期テストに出題された文法項目」とは関連性があるか。
④ 3 年間の最後のテストでよい結果を得た生徒はいつ頃からよい結果を得ていたか。

2.2　調査方法

　同じ教師の授業を 3 年間受けた中学 3 年生 179 人の 3 年間の定期テスト（50 点満点）8 回の得点の分散を調べ、①入学して最初に実施した「1 年第 1 回定期テスト」の分散と比較し、分散の拡大が顕著になったテストを明らかにする。②分散が大きかったテストに出題された文法項目を調べる。③第 1 章の「中学生が難しいと感じる文法項目」の意識調査で「難易度が高かった文法項目」と第 2 章の調査の「分散が大きかったテストに出題された文法項目」を比較し、両方の調査に共通していた文法項目は何か調査する。また、④3 年間の最後のテストでよい結果を得た生徒は、いつ頃からよい結果を得ていたか、テストの正答率の変化を調べる。

　以上の 4 項目の結果を基に、「繰り返して指導し定着を図るべき文法項目」、3 年間の英語学習で「特に注意して指導すべき時期」を考察する。

3.　結果

　生徒 179 人が 3 年間に受けた 8 回の定期テストのそれぞれのテストの実施

目、テストに含まれていた文法項目、平均点、及び分散を表1に示した。分散が大きいということは、できた生徒とできなかった生徒の差が大きいことを意味し、理解が大変な生徒が多くいたことになる。

　また、8回のテストの中で、分散が最も小さかった「1年第1回定期テスト」の分散とそれ以外の7回それぞれのテストの分散の比較を表2に示した。表2の分散検定で有意差が認められるテストに出題された文法項目は、理解することが大変な生徒が多くいたことを示している。

　そして第1章の「中学生が難しいと感じる文法項目」の意識調査で「難易度が高かった文法項目」と今回の第2章で調査した「分散か大きかったテストに含まれていた文法項目」の比較を表3に示した。両方に共通して現れる文法項目は、特に生徒が学習する際に困難を感じるものであると考えられる。詳細については、以下の考察で検討したい。

表1. 定期テストの実施日・テストに含まれる文法項目・平均・分散

定期テスト	実施日	テストに含まれる文法項目	平均	分散
1年第1回	6月15日	一般動詞の疑問文・否定文、複数形、wh疑問文（what, how many）	32.82	123.20
1年第2回	11月13日	Be動詞、wh疑問文（where, who, how old, whose）、修飾、三人称単数のs	34.58	144.43
1年第3回	2月17日	助動詞can、現在進行形、代名詞（所有格、目的格）	33.45	143.27
2年第1回	6月16日	過去形（不規則動詞・規則動詞）接続詞（that）、未来表現（will, be going to）	29.73	163.75
2年第2回	11月14日	助動詞（will, shall, may）、There is/ are、不定詞（名詞的・副詞的・形容詞的）	31.36	124.82
2年第3回	2月18日	比較の文（比較級・最上級・同等比較）	29.76	146.77
3年第1回	6月17日	比較の文（more, the most）、受け身の文、現在完了形（完了・継続）	29.43	168.76
3年第2回	11月15日	It..for..toの不定詞、現在分詞・過去分詞の後置修飾、関係代名詞（主格）	26.42	162.59

表 2.　1 年第 1 回定期テストの分散と他のテストの分散の比較

テスト	1 年第 2 回	1 年第 3 回	2 年第 1 回	2 年第 2 回	2 年第 3 回	3 年第 1 回	3 年第 2 回
分散検定	$p=.14$	$p=.15$	$^*p=.02$ $p<.05$	$p=.46$	$p=.12$	$^*p=.01$ $p<.05$	$^*p=.03$ $p<.05$

表 3.　第 1 章「生徒が難しいと感じる文法項目の意識調査」で難易度が高かった文法項目と、第 2 章「分散が大きかったテストに出題された文法項目」の調査結果の比較

生徒が難しいと感じる文法項目	分散が大きかったテストに出題された文法項目
① It..for～to の不定詞　② more, the most を使う比較の文　③ 過去進行形の Wh 疑問文　④ 主語に修飾語が付いた文　⑤ 現在完了形の否定文　⑥ 比較の文　⑦ 受け身の文　⑧ be going to を使った未来の文　⑨ 現在分詞の後置修飾　⑩ 接続詞 that を使った文	① 不規則動詞の過去形　② will, be going to を使った未来の文　③ 接続詞 that を使った文　④ more, the most を使う比較の文　⑤ 受け身の文　⑥ 現在完了形（完了・継続）　⑦ It..fo～to の不定詞　⑧ 現在分詞・過去分詞の後置修飾　⑨ 関係代名詞（主格）

4.　考察

　調査の目的で示した①～④の 4 項目について考察し、「繰り返して指導し定着を図るべき文法項目」と中学 3 年間の英語学習の過程で「特に注意して指導すべき時期」を明確にしたい。

4.1　3 年間の定期テストの中で得点の分散の拡大が顕著になった時期はいつか

　表 1 で示したように、「1 年第 1 回」の定期テストの分散が 3 年間で実施した 8 回の定期テストの中で一番小さかった。英語学習を始めて最初のテストであるため学力差はまだ拡大しておらず、分散が小さいというのは当然の結果かもしれない。その「1 年第 1 回」のテストの分散とその後に実施した 7 回それぞれのテストの分散とを比較して、5% 水準の「分散検定」で有意差が認められたテストは、表 2 で示した通り、「2 年第 1 回」、「3 年第 1 回」、「3 年第 2 回」の 3 つのテストだった。これら有意差が認められた 3 回のテスト得点の分布に共通していることは、20 点以下の人数が多くなっていることである。つまり、理解できる生徒と理解できない生徒がはっきりしてし

まい、学力差が顕著であることを意味している。そして、有意差が認められた最初のテストは、「2年第1回」であった。したがって、分散の拡大、つまり学力差が顕著になる時期は、2年生の1学期ということになる。しかしながら、次に実施した「2年第2回」の分散は、「1年第2回」、「1年第3回」よりも小さかった。

　「2年第2回」のテストで出題された文法項目の主なものは、助動詞と不定詞である。第1章の「中学生が難しいと感じる文法項目」の意識調査では、90構文中、助動詞 shall を使った文は84位、助動詞 may を使った文は76位と難易度が低かった。また、不定詞の名詞的用法の文は、90構文中77位で難易度が低かった。助動詞の学習に生徒は比較的難しさを感じていないこととテストの分散が大きくならなかったことは、関連性があるのかもしれない。3年生で実施したテストは、第1回、第2回とも分散が大きく、3年生になると学力差がかなり拡大していることがわかった。

4.2　3年間の定期テストの中で得点の分散が大きかったテストに出題された文法項目は何か

　「2年第1回」の定期テストで出題された中心的な文法項目は、「不規則動詞・規則動詞の過去形」、「will, be going to を使った未来表現」、そして「接続詞 that を使った文」であった。最も分散が大きかったテストは、「3年第1回」である。そのテストで出題された文法項目は、「more, the most を使う比較の文」、「受け身の文」、「現在完了形の完了・継続用法」が主なものだった。そして、2番目に分散が大きかったテストは、「3年第2回」である。そのテストで出題された文法項目は、「It..for 〜 to の不定詞」、「現在分詞・過去分詞の後置修飾」、「関係代名詞の主格」が中心だった。

4.3　「生徒が難しいと感じる文法項目」の意識調査結果と「分散が大きかった定期テストに出題された文法項目」とは関連性があるか

　第1章の「生徒が難しいと感じる文法項目の意識調査」で、難易度が上位20%に入った文法項目は、表4に示した「It…for 〜 to の不定詞」、「more, the most を使う比較の文」、「過去進行形の Wh 疑問文」、「主語に修飾語が付いた文」、「不定詞の Wh 疑問文」、「現在完了形の否定文」、「比較の文」、「受け身の文」、「be going to を使った未来表現」、「現在分詞の後置修飾」、「接続詞 that を使った文」であった。

　第 2 章で調査した「分散が大きかったテストで出題された文法項目」は、「不規則動詞・規則動詞の過去形」、「will, be going to を使った未来表現」、「接続詞 that を使った文」、「more, the most を使う比較の文」、「受け身の文」、「現在完了形の完了・継続」、「It…for 〜 to の不定詞」、「現在分詞・過去分詞の後置修飾」、「関係代名詞の主格」であった。

　両方の調査結果を比較すると、「It…for 〜 to の不定詞」、「more, the most を使う比較の文」、「受け身の文」、「be going to を使った未来表現」、「現在分詞の後置修飾」、「接続詞 that を使った文」の項目が共通していた。両方の調査結果には共通するものは 6 項目あり、生徒が難しいと感じる文法項目の意識調査で難易度が高かった文法項目を含む定期テストの分散は拡大している傾向があることがわかった。したがって、両方の調査で共通していたこれらの文法項目は、生徒が学習する際に困難を感じ、定着率も低い文法項目だと推測される。

4.4　3 年間の最後のテストでよい結果を得た生徒はいつ頃からよい結果を得ていたか

　3 年間の最後のテストでよい結果を得た生徒は、いつ頃から英語学習がうまくいっていたのであろうか。その生徒たちの 3 年間のテスト得点の変化をみたい。「3 年第 2 回」のテストで正答率が 80％以上になった生徒は、179 人中 40 人いた。その 40 人の中の 33 人は、「1 年第 1 回」のテストの正答率が 80％以上であった。残りの 7 人の「1 年第 1 回」のテストの正答率は 62％〜78％の段階にあった。この結果から考えると、1 年生の 1 学期の終わりの時点のテストで最低でも 62％の正答率がないと、3 年間の最後のテストで 80％以上の正答率には至らなかったことになる。また、3 年間の最後のテストで正答率が 80％以上になったその 40 人の生徒たちの「2 年第 1 回」のテスト結果は、38 人が正答率 80％以上で、残りの 2 人の正答率は 76％だった。したがって、この 40 人の生徒たちは、学力差が顕著になった「2 年第 1 回」のテストの時期でも英語学習がうまくいっていたことになる。今回調査対象とした生徒たちにとって、英語学習の初期の段階である 1 年生の 1 学期の段階で英語学習がうまくいっていること、学力差が顕著になる 2 年生の 1 学期も英語学習がうまくいっていることが 3 年間の最後のテストでよい結果を得る必要条件になっていた。

5.　まとめと今後の課題

　中学校 3 年間の英語学習の過程で実施した 8 回の定期テスト結果の分散を調べ、学力差が顕著になった時期、その時期に学習していた文法項目を調査した。分散を調べたのは、「学力差が大きくなる」という視点からである。1 年生の最初のテストの分散が一番小さく、その「1 年第 1 回」の定期テストと比較して、5%水準の分散の検定で有意差が認められたテストは、「2 年第 1 回」、「3 年第 1 回」、「3 年第 2 回」であった。したがって、2 年生の 1 学期から学力差が顕著になり始めることが推測された。

　この学力差が顕著になる時期の問題に関して、「中学生の英語習得過程」を調査した、太田・金谷・小菅・日臺（2003:10）は、その研究の動機の一つとして、「中学校で英語力の基礎を築くことのできた生徒と、それがうまくゆかなかった生徒とを分ける要因がどのようなものかを割り出したいということなのです。どうもそうした成功と失敗の分かれ道が中学 2 年のどこかに来るように、漠然と私たちは経験上感じていました」と述べ、学力差が顕著になる時期を中学 2 年生のある時期であろうと指摘している。2 年生は、学習内容が多いことのみならず、1 年生の時に比べ学校生活に慣れてきたことから緊張感が薄らいでくる時期であること、3 年生に比べ学習に対する意欲が低いことなど、多くの要因が関わって学習をしにくくしている時期なのかもしれない。

　第 1 章の「生徒が難しいと感じる文法事項の意識調査」結果と第 2 章の定期テストの分散の調査結果との比較からは、「It…for ～ to の不定詞」、「more, the most を使う比較の文」、「受け身の文」、「be going to を使った未来表現の文」、「現在分詞の後置修飾」、「接続詞 that を使った文」の学習に生徒は特に困難を感じていることが推測された。竹中・藤井・沖原・松畑・高塚（1988）は、1,075 人の中学 3 年生に対して定着度調査を実施し、「疑問文」、「修飾」、「関係代名詞」、「受け身」の正答率が低いという結果を得ている。関係代名詞、分詞の後置修飾など、日本語とは異なる修飾構造をもつ構文の指導の際には注意が必要であろう。

　3 年生の最終のテスト結果でよい成績を得た生徒の 3 年間のテスト結果を調べたところ、1 年生の 1 学期に 62%以上の正答率がないと、3 年生の最後のテストの正答率は 80%以上にならなかったことがわかった。1 年生の 1 学期に、英語学習の仕方をしっかりと身に付けないと、その後の学習が困難に

なってしまうと思われる。このことから、1 年生の 1 学期はその後の英語学習の成否を決める最も重要な時期といえるかもしれない。ほとんどの教科書は、1 年生の 1 学期が終了するまでに、一般動詞を使った文、be 動詞を使った文、主語が三人称単数形の文、名詞の複数形、形容詞を使った前置修飾の文を扱っている。つまり英文の基本的な構造や文を疑問文や否定文に変える操作方法を学習することになる。また、家庭学習の仕方の指導もしっかりとしておく時期である。特に単語や基本文を書くことに慣れさせる時期でもある。小学校で英語の授業を経験してきた生徒たちでも「書くこと」の学習は慣れていない。田尻（2009:89）は、「私の生徒は、中 1 の 4 月は英語って楽しいというが、5 月は英語の授業がうっとうしくてたまらないと言う。しかし、6 月になると、また楽しくなってきたと言い始める。何で？と尋ねると、字を書いても間違わなくなってきたし、すらすら写せるようになったから楽しいと答える。その時期、彼らのノートは半分あたりにきている。それくらい耐えて、続けて、乗り越えさせなければ、喜びはないということだろう」と述べている。1 年生の 1 学期が終了する時点の得点が 3 年生の最終のテストの得点と関わりがあるのは、このような要因が関係しているのかもしれない。1 年生の 1 学期間は、指導に際してしっかりと基本事項が定着するように十分配慮して指導すべきであろう。

　そして、次に学力差が顕著となる 2 年生の 1 学期が英語学習の成否を決めるターニングポイントとなる時期と言えるかもしれない。そして、今までたびたび指摘をされてきたことではあるが、英語は学力差が学年を追うごとに拡大し、3 年生では、学習に困難を感じる生徒がかなり増えてしまう。この現状を少しでも改善していくように対策を考えて行かなければならない。

　今回の調査を通して、多くの課題も残された。今回の調査は、「定期テスト」を使った調査であったため、それぞれのテストに含まれていた文法項目の出題のされ方、出題数は一定せず、またその文法項目がどの程度それぞれのテストの総合得点に反映されたかも不明である。また、定期テストではなく、3 年間の最後に各文法項目を含むテストを実施すれば、1、2 年生の時にはわからなかったことでも、3 年生の時点では理解できていたかもしれない。つまり、定期テストは「到達度テスト」であり、文法項目の定着度を正確に測定する「定着度テスト」が必要である。文法能力を測定する標準化されたテストを制作すること、それを適切な時期に実施することは実際にはかなり難しいことではあるが考える必要がある。したがって、今回の調査は、

1 人の教師の 3 年間の指導の実践報告である。違う教え方をしている教師に授業を受けた生徒を対象に調査した場合は、異なる傾向が出るかもしれない。つまり、文法項目の違いによって、適する指導法、適さない指導法があるのかもしれない。しかしながら、今回の調査を通して、「中学生が難しいと感じる文法項目」、「特に注意して指導すべき時期」がわずかではあるが見えてきたように思える。今後、さらに多くの指導実践例とその結果を検証したい。

第 2 部のまとめ

　中学校の英語の授業では、新しい文法項目を扱う時間が多い。そして文法指導にかける時間も多い。小学校の英語の授業では、明示的な文法指導はほとんど行われず、中学校で初めて文構造の基本を学習することになる。したがって、生徒が難しく感じる文法項目を知ることは、教師が授業を行う際にとても重要なことになる。

　第 2 部では、生徒が難しく感じる文法項目の意識調査結果と生徒の定期テスト結果の両方を使って生徒にとって難しい文法項目を調査した。その結果、it の形式主語を使った不定詞、more, the most を使う比較の文、受動態、be going to を使う未来表現、現在分詞の後置修飾、接続詞 that を使った文が生徒にとって難しいものであることがわかった。なお、この調査では、実施時期の関係で「間接疑問文」、「現在完了進行形」、「仮定法」を調査対象としていない。学習指導要領が改定になって加わった仮定法は、生徒の様子を見ているとかなり困難を感じているように思える。

　3 年間のテスト結果の追跡調査では、3 年生の最後の定期テストで正答率が 80% 以上に達していた生徒たちは、1 年生の 1 学期の段階で学習がうまくいっていたこと、学力差が顕著になる 2 年生の 1 学期にも英語学習がうまくいっていたことがわかった。もちろん、この結果は教師の授業の運営方法によって変わってしまう可能性は高い。しかしながら、ある程度は、注意して導入、運用練習をすべき文法項目、注意して指導すべき時期を知る参考になると思う。

第**3**部

基本文の暗唱活動

Abstract

　英語教師が集まる研修会や研究会で、基礎学力が定着していないことが話題になることが多い。授業中、生き生きと対話活動やゲーム活動を行い、積極的に活動に参加している生徒であっても、定期試験などで自己表現に関する英文を書かせると動詞の変化やスペリングの誤りが多く見られ、学習したはずの表現も適切に使うことができないことが指摘される。

　表面的な生徒の活動の様子で、英語の基礎力や表現力が高まってきたと錯覚してしまうことが多いが、実際には基本的な文法事項の定着が不十分で、表現力も定着しておらず、特に書くことの技能の弱さが目立つ。このような状況に直面して、多くの教師は「基礎基本が定着していないために言語使用の正確さが低下している」と感じるようになったのである。

　第3部では、生徒の英語の基礎力を定着させ、言語使用の正確さを高める手段として第1章で中学校1年生の授業で実践した「基本文の暗唱活動」の実践報告をする。そして第2章で3年生の授業で実践した、「基本文の暗唱活動」の実践報告をする。授業では、自己表現活動を行う際に核となる基本文を新文型として学習し、対話活動などで練習する場合が多い。しかし、それらの表現を確実に定着させることが難しいのである。その解決の手段の一つとして、多くの教師は授業の最初の部分に学期を通して、あるいは年間を通して何らかの基礎学力を定着させるための活動（帯活動）を位置づける場合が多い。くり返して指導し定着を図ることをねらった活動である。

　それらの活動は、実際にはどの程度効果があるのであろうか。対話活動で練習した基本文を暗唱すべき英文として選定し、授業の最初の部分にそれらの基本文を暗唱する活動を位置づけた。その活動が、どの程度書くことによる表現活動の正確さを高めることにつながったのかを調査を通して検証した。

中学校 1 年生への実践と調査

1. はじめに

　生徒が書く英文の不正確さが問題点として指摘されることが多い。学習した特定の文法項目に関する筆記テストをすると、ある程度正確に書くことができるのであるが、複数の文法項目が混ざり合った筆記テストをすると極端に誤りが目立つ。また、自己表現に関わる英文を書かせるといっそう誤りが増える。学習した文型や表現の中から、その場面に適するものを自分で選んで使えないのである。このような現象を高島（2000：iv）は、「学習して積み重なったはずの知識は実際には積み重なっておらず、小さな知識の固まりが散在している状態にある」と指摘している。そして文法指導の視点として、空欄や書き換え問題に対処できるような「静的な知識」を身に付けさせるのではなく、自己表現活動で活用できる「動的な知識」を身に付けさせるようにすべきであると主張している。

　項目ごとの文法問題には対処できても、自己表現活動で活用できないということは、「学習者が明示的な知識を有しているからといって、必ずしも文脈という意味や機能といった要素が関連する場面でその知識を活用できるとは言えないことを示しており、持っている知識が使用可能な手続き的知識に変換する状態にない」（伊達，2004：161）現れであるかもしれない。

　また、言語活動を実施する際も「流暢さばかりを強調しすぎるあまり、言語使用時の正確さを合理的に高めてこなかった」（田中，2001：315）という教師側の問題点もあるように思える。

　これらの問題点を少しでも解消し、英語の基礎学力の低下を防ぐ手段として、基本文を暗唱する活動を実践した。

2.　授業実践

　定型表現を使っての対話練習や基本文の暗唱活動を、授業の最初に位置づけ、帯活動として実践している教師は多い。このような活動について学期を通して、あるいは年間を通して長期間にわたって実践することは、自己表現力の基礎や文法能力の基礎を育成し、言語使用の正確さを高めていくことに貢献していると思われる。英語の「基礎」とは何かという定義は様々であろうが、「ひとつ学んでひとつでは終わらない力」、「共通核（common core）を中心にして波紋のように学力が広がっていくときの共通核となるもの」（松畑，1989:11）と捉えた。齋藤（2003:156）は、中学生、高校生の場合、基礎学力のある生徒の姿として「基礎的な英文をできるだけ数多く頭の中に蓄積し、それを必要に応じて取り出していける生徒」としている。基本文は、共通核の 1 つになりうるものと考えてよいように思われる。

　中学校 1 年生の実践では、年間を通して授業の最初の部分に何らかの活動を設定したが、2 学期に入った 9 月からは、その一環として、ペアで基本文の暗唱活動を行った。暗唱する英文は、授業で文構造を学習し、対話練習を通して運用練習をした基本文と、教科書の本文中で使用している表現活動に役立ちそうな文とした。なお、授業中、対話活動をした際には振り返りの場を必ず設定し、対話活動で得た情報を使って英文を書く活動を取り入れた。「言語の流暢さを求めたコミュニカティブな言語活動の後に、学習者自身に再度アウトプットを見直させる機会をもつことは、言語使用の正確さを高める指導として有益である」（田中，2004:300）からである。その後、練習した基本文を暗唱活動で使う英文として取り入れた。したがって、活動のサイクルは基本的には、①基本文の学習活動→②基本文を使った対話練習→③書くことによる振り返りの活動→④基本文の暗唱活動、という 4 つの段階で構成した。

2.1　練習計画

　4 月から 7 月までの 1 学期間は、表現活動で使うことができる語彙を増やすことを目的として、絵入りの名詞カード、動詞カード、動詞句カード（資料 1）を音読する活動を授業の最初に 5 分間程度行った。

　自分や家族、そして友達に関することを表現する構文を学習し始めた 9 月からは、授業の最初に 5 分間程度の基本文を暗唱する活動を位置づけた。そ

資料1

No. 1

動詞句カード

study English	study math	study science
teach Japanese	teach math	teach social studies
do my homework	want a book	want a soccer ball
write a letter	speak English	cook dinner
help my mother	clean my room	use a computer
use a telephone	walk the dog	collect stamps
collect dolls	make dolls	make cakes

してこの活動は3月まで続けた。

2.2　練習方法

　新しい暗唱カード（資料2）を使う時には、教師が注意すべき部分を解説し、音読できるように全体で練習する。その後、各自で暗唱できるように練習する。2回目以降は以下のような手順で行う。

⑴　全員で暗唱カードの英文を音読する。
⑵　前回の活動で正しく言えなかった英文を各自で覚え直す。（1分間）
⑶　ペアで一方が日本語を読み、それを聞いて他方が英語にする。そしてその結果をカードに○×で記入して返す。（2分間）
⑷　正しく覚えていなかった英文を各自でもう一度見直す。（1分間）
1枚のカードは5回の授業で使用した。

3.　調査

3.1　調査の目的

　基本文の暗唱活動を継続的に行うことは、表現力や正確に英文を書く能力の育成に効果的であるか調査する。

3.2　調査対象期間

　調査対象となる実践期間は、暗唱カードを使い始めた9月から調査テストを実施した1月初めまでの約4か月間である。

3.3　参加者

　1年生6クラスの授業を2人の教師が担当していた。一方の教師は、授業の最初に基本文の暗唱活動を位置づけて2学期から実施した。他方の教師は、そのような活動は設定せず、教科書の音読練習などに当てていた。授業中の対話練習で使用した教材は、ほとんど共通のものを使用していた。
　1学期の終わりに実施した定期テスト（リスニング問題を含む）結果より、それぞれの教師が担当しているクラスの中から同じ得点の生徒を66人ずつ抽出した。そして一方を実験群、他方を統制群とし、それぞれのグループに上位群、中位群、下位群を設定した。

資料2　暗唱カード

J ‐ E　Card　　　　　　　　　　　No.（0）

Class（1　）H　No.（　　　）　　Name（　　　　　　　　　　　）

No.	Japanese	English	/ ①	/ ②	/ ③	/ ④	/ ⑤
1	私はサッカーが好きです。	I like soccer.					
2	本当ですか。私もサッカーが好きです。	Really ? I like soccer, too.					
3	あなたはサッカーをしますか。	Do you play soccer ?					
4	はい、します。	Yes, I do.					
5	いいえ、しません。でも、私はバスケットボールをします。	No, I don't.　But I play basketball.					
6	あなたは日本食が好きですか。	Do you like Japanese food ?					
7	はい、私はお寿司が好きです。	Yes, I do.　I like sushi.					
8	あなたはテレビで何をみますか。	What do you watch on TV ?					
9	私はドラマと映画をみます。	I watch dramas and movies.					
10	あなたはいかがですか。	How about you ?					
		Points					

① ＿＿＿＿＿＿＿＿＿＿＿＿＿＿＿＿＿＿＿＿＿＿＿＿＿＿＿＿＿＿＿＿

② ＿＿＿＿＿＿＿＿＿＿＿＿＿＿＿＿＿＿＿＿＿＿＿＿＿＿＿＿＿＿＿＿

③ ＿＿＿＿＿＿＿＿＿＿＿＿＿＿＿＿＿＿＿＿＿＿＿＿＿＿＿＿＿＿＿＿

④ ＿＿＿＿＿＿＿＿＿＿＿＿＿＿＿＿＿＿＿＿＿＿＿＿＿＿＿＿＿＿＿＿

3.4　調査問題

　調査問題として、静岡県が1月に実施している「静岡県学力診断調査・英語」の問題の中から、表現力を測定する作文問題を使った。そして実験群と

統制群のテスト結果を分析することとした。調査問題は、「対話の中で相手に質問すべき事柄をどのように英語で表現するかを問うもの」が3題と「自分のことを紹介するもの」が4題の計7題である。それぞれの問題は2点満点で、合計14点満点である。なお、スペリングだけの誤りは1点を与える採点基準である。

4．結果

　暗唱活動を行った実験群と行わなかった統制群の平均点及び学力群別の平均点は、以下の表1、表2に示す通りとなった。表1から、暗唱活動を行っていた実験群と行っていなかった統制群の間には、統計的には有意差が認められなかった。しかしながら、サンプル数が増えれば、有意差が出るように思われる。

　表2の学力群別の平均点では、上位群に有意差が認められた。暗唱活動を行っていた実験群の生徒は、暗唱活動を行っていなかった統制群の生徒に比べ、表現力が身に付いていたと言える。

表1．実験群と統制群の平均点

	実験群 $n=66$	統制群 $n=66$	t 検定
平均	9.39	8.56	$t=1.36$ $p=.17$（ns）

$p>.05$

表2．学力群別の平均点

	実験群	統制群	t 検定
上位群 （$n=22$）	12.22	11.31	$t=2.15$ $^*p=.037$
中位群 （$n=22$）	9.73	9.27	$t=0.68$ $p=.50$（ns）
下位群 （$n=22$）	6.23	5.14	$t=1.12$ $p=.26$（ns）

$^*p<.05$

5.　考察

　暗唱活動を行った実験群と行わなかった統制群とでは、表1で示した通り、5％水準の t 検定で有意差は認められなかった。したがって、4か月間の暗唱活動の実践は、行わなかった場合に比べて、書くことによる表現活動に効果的に機能したとは言えないことになる。暗唱活動が書く活動ではなく、口頭による活動であるため、十分に効果が表れなかったのかもしれない。しかしながら、もっと長期間活動した後に調査した場合やサンプル数を増やした場合には有意差が認められるかもしれない。

　学力群別の調査結果を見ると、表2で示した通り上位群に5％水準の t 検定で有意差が認められた。したがって、暗唱活動は上位群にとって有効に機能したことになる。上位群の生徒に有効に機能した要因として、授業中の観察からは、比較的困難を感じずに暗唱活動に取り組み、基本文を確実に身に付けて行ったことが挙げられる。新しい暗唱カードが配られた最初の活動時でも、かなり正確に暗唱できていた。そして、2回目には上位群のほとんどの生徒が 10 文を正確に暗唱できていた。また、課題としていたわけではないが、上位群の多くの生徒は家庭学習でも基本文を書けるようになるまで学習していた。そのことが上位群の生徒に有意差が認められた要因であろう。

　下位群に有意差は認められないが、やや有意化傾向が見られた。活動自体が単純でやりやすいものだったため、意欲的に活動に取り組めたように感じる。また、学習のよりどころを見つけにくい下位群の生徒たちにとって、暗唱活動は学習のよりどころとなり、それが自主的な家庭学習にもつながっていったと思われる。

　また、授業中の観察から、上位群、中位群、下位群とも全体的に暗唱活動には意欲的に取り組んでいた。各自で暗唱する場面では特に集中して取り組む姿が見られた。それは、その後ペアでお互いにチェックするという活動があるからであろう。池野（2006）は、Story Retelling, Read and Tell, Chunk Translation などの Reproducing 活動の効果をまとめ、その効果の一つとして「アウトプット活動の存在が先行するインプット活動へのより真剣な取り組みを促す」ことを指摘している。暗唱活動は Reproducing 活動とは言えないが、「暗唱できるかお互いにチェックする」という活動の存在が「英文を暗唱する」活動により意欲的に取り組ませたように思われる。

6.　まとめと今後の課題

　英語の基礎基本を身に付けさせ、言語使用の正確さを高めることをねらって、基本文の暗唱活動を授業に取り入れた。日本文を聞いて英文に置き換えるという単純な活動であるが、単純であるが故に取り組みには意欲的であった。それらの基本文がどのような意味を表し、どのような働きをするのかという学習も言語活動では大切な要素であるので、暗唱する英文は、授業中の対話活動で練習したものを使った。

　4か月間の活動の結果として、全体としては統計的に効果が認められなかった。しかしながら、上位群には有意差が見られ、下位群には有意化傾向が見られた。実践しての感想として、下位群の生徒たちも暗唱活動に意欲的に取り組み、英語力の核となる基本文を定着させるのに適した活動になりうる可能性を感じた。

　今後の課題として、暗唱した基本文を場面に合わせて適切に使用できるようにさらに別の種類の活動を設定することが挙げられる。三浦（2007）は、CS（conversation strategy）は暗記すれば使えるようになるといった簡単なものではなく、CS暗記をCS行動へと発展させるためには、計画的な行動育成プログラムが必要であることを指摘している。また、柳瀬（2006）は、生徒たちが会話を継続するためにはどのような表現が必要だと感じているか調査している。生徒の視点に立った基本文や定型表現の選定も必要なことであろう。

中学校 3 年生への実践と調査

1. はじめに

　近年、4 技能をバランスよく指導するという意識が教員間で高まり、授業中の活動も「聞くこと」、「話すこと」に加え、「読むこと」、「書くこと」に関わるものが増えたように思われる。また、教科書にプロジェクト型の学習項目が多く掲載されるようになったことにより、複数の技能を統合した活動が以前に比べ増加してきた。そのような状況にあって、生徒たちは 4 技能の中では、どの活動に困難を感じているのであろうか。

　Benesse（2009）の「指導に関する教員の意識」調査によると、多くの教員が感じている「生徒の英語学習に関するつまずき」は、「単語（発音・綴り・意味）を覚えるのが苦手」が 68.8％で最も高く、次いで、「文や文章を書くことが苦手」が 58.3％であった。4 技能の中では、「書くこと」の学習に関わることである。その他、「文字や文章を読めない」が 50.2％、「文法事項が理解できない」45.7％で数値が高い。多くの教員は、4 技能の中では、「書くこと」の学習に生徒が最も困難を感じていると考えているのである。

　多くの教師は、生徒が「書くこと」の学習に困難を感じていると思いながらも、同時に「書くこと」の指導に戸惑いを感じている。「書くこと」の指導は、たいへん難しい。「書くこと」の学習は、以前に比べ増えたように思われるが、その指導の難しさは変わらない。

　大井・田畑・松井（2008）は、「書くこと」の指導に関して教師が困難を感じている点を調査し、「教科書を使った活動で時間がいっぱいになり、書く活動までいかない」、「文法事項が身に付いていない」、「日本語の干渉が入る」というような要因があることを明らかにしている。「書くこと」の基礎力は、他の技能と同様に文法力と関わりが強く、授業の中で「書くこと」の活動を工夫したり活動時間を増やしたりする努力が必要であろう。

　本実践報告では、「書くこと」の基礎となる基本文（ターゲットセンテンス）を身に付けさせるために実施した暗唱活動の実践報告をする。中学 3 年生が 4 月から 2 月までの約 1 年間、帯活動として行った実践とその結果、「書くこと」の能力が変化したかについて調査した。

2.「書くこと」の問題点

　生徒が書く英文の不正確さが問題点として指摘されることが多い。大井・田畑・松井（2008）は、中学生が書いた英文の誤答分析を行い、その結果から、書くための基礎力が十分でないことを指摘している。そして、その解決策の 1 つとして、普段の授業で「ターゲットセンテンスをしっかり書く、そして可能であるならば宿題にして定着を図る」（p.218）ことを提案している。書くための基礎力となるものは、ターゲットセンテンス（基本文）の理解と定着であり、その定着が不足しているという指摘である。基本文の理解と定着が英語の基礎力であるという認識は、経験知からも納得できる考え方である。斎藤（2003）も基礎学力が身に付いた中学生、高校生の姿として、「基礎的な英文をできるだけ数多く頭の中に蓄積し、それを必要に応じて取り出していける生徒」（p.156）としている。しかしながら、基本文を定着させることは、実際は難しい。

　中学校 3 年間の「書くこと」の指導目標は、理論の一貫性と結束性のある、ある程度の長さの文章を書くことができるようにさせることであると考えられる。しかしながら、その指導方法は十分確立されているとは言えないように思われる。

　根岸（2012）は、まとまりのある文章を書かせる指導について、「下位技能だけを取り出したときにできることと、まとまりのある文章を書くときにこれらの下位技能をきちんと使いこなせることとは必ずしも同義ではない」ことを指摘している。基礎力を定着させれば自然にまとまりのある文章が書けるようになるわけではなく、その基礎力をまとまりのある英文を書く際に使っていく練習をさせなければならないのである。

　また、蒔田・肥沼・久保野・植草（2008）は、指導方法の留意点として、「単純なドリルの後にすぐに自由英作文を書かせるなど、中間段階の活動が薄くなるきらいがあるようにも思われる」（p.128）ことを指摘し、自由度が中間程度の活動を開発していく必要性を訴えている。基礎力を付けるための

練習とまとまりのある英文を書く練習に加えて、基礎と応用をつなぐ練習を
考えていかなければならないのであろう。

3.　授業実践

　多くの英語教師は、授業の中に帯活動を設定している。帯活動とは、「あ
る一定期間、授業の一定の時間帯に行う活動」（太田，2012）であり、「何度
も何度も言語材料に触れさせ、慣れさせ、使わせて、やっと少しはできるよ
うになっていく」（本多，2012）ことをねらって行っている。学習指導要領
の「繰り返して指導し定着を図る」という基本理念に一致した活動であろ
う。多くの教師は、授業の最初の時間帯に設定しているように思われる。基
本文を暗唱する活動は、「インプット活動」（鹿児島，1994）と呼ばれ、20
年以上前から知られていた。使用する教材も日本語を英語にするもの、英語
で質問してそれに答えるもの、文法形式に関するものなど様々である（eg.,
横山・大塚，2013）。

　この第 2 章では、英作文の基礎を身に付けさせることを目的に行った、基
本文の暗唱活動について報告する。ペアで一方が日本語を言い、他方がそれ
を聞いて英語にする形式の活動で、暗唱する英文は、授業で文構造を学習
し、対話活動などを通して運用練習をした基本文と教科書の本文中に使用さ
れている文の中で表現活動に役立ちそうなものの中から選んだ。1 枚の暗唱
カードには 10 文を載せ、その 10 文は、なるべくあるトピックに関連した意
味的に関連性のある文とした。1 枚の暗唱カードは、5 回の授業で使用し
た。活動目標は、5 回の活動で 10 文を正確に暗唱することである。1 枚の
カードが終了するごとにそのカードの内容に関連した作文活動を実施した。
中学校 3 年生の 4 月から 2 月のまでの約 1 年間行った暗唱活動が英文を書く
ことの基礎力につながったのかを調査したい。

3.1　活動計画

⑴ 4 月〜 7 月：3 年生で学習した基本文と 1 年生で学習した基本文を中心
　　　　　　　に行う。

⑵ 9 月〜 11 月：3 年生で学習した基本文と 2 年生で学習した基本文を中
　　　　　　　心に行う。

⑶ 12 月〜 2 月：3 年生で学習した基本文と 1、2 年生で学習した基本文で

つながりのあるまとまった英文を中心に行う。

3.2　活動内容

　新しい暗唱カードを配布する際には、最初に教師が文構造と意味を解説し、音読できるように全体で練習する。その後、各自で暗唱できるように 1 分間練習する。2 回目の授業以降は以下のような手順で行う。

⑴　全員で暗唱カードの英文を音読する。(コーラスリーディング)

⑵　前回の活動で正しく暗唱できなかった英文を各自で練習する。(30 秒間)

⑶　ペアで一方が日本語を読み、それを聞いて他方が英語にする。そしてその結果をカードに○、×で記入して相手に返す。(1 分 50 秒)

⑷　交代して同じ活動を行う。(1 分 30 秒)

　1 枚の暗唱カードは 5 回の授業で使用し、5 回目が終了した後に英作文の練習を行う。この英作文の練習は、和文英訳で、暗唱した基本文を基に主語を変えたり時制を変えたりすることで書くことができるようなものにした。この活動は、暗唱した基本文を必要に応じて取り出せる力を身に付けさせることをねらって設定した。書く英文は 4 文で、制限時間は 4 分間とした。4 分経過したところで、ボランティアで生徒に板書させ、全体で確認した。

4.　調査

4.1　調査の目的

　帯活動として設定した基本文を暗唱する活動が、表現力や英文を正確に書く能力の育成に有効に機能したか調査する。

4.2　調査対象期間

　調査の対象となる期間は、暗唱活動を開始した 3 年生の 4 月から 3 年生の 2 月までの約 1 年間である。調査方法としては、6 月、11 月、2 月に校内で実施される定期テストの中に「書くこと」による表現力を試す問題を設定し測定することにした。

4.3　参加者

　3年生5クラスを2人の教師が担当していた。一方の教師は、授業の最初に帯活動として基本文の暗唱活動を設定し4月から2月の終わりまで実施していた。他方の教師は、継続的に暗唱活動は実施していなかった。教科書以外の補助教材はどのクラスも同じものを使い、教科書の学習進度もほとんど同じであった。

　2年生の2月に実施した定期テスト（リスニング問題を含む）結果より、それぞれの教師が担当している生徒の中から同じ得点の生徒を30人ずつ抽出した。そして一方を実験群、他方を統制群とし、それぞれのグループに上位群（15人）と下位群（15人）を設定した。

4.4　調査問題とアンケート内容

　調査問題として、6月、11月、2月に実施している定期テストの中に表現力を測定する問題を設定した。定期テストの問題は、文法項目が限定されやすいが、表現力を試す問題は、3回とも1年生から3年生までに学習した中から選び作成した。つまりそれまでに学習した文法項目の中のいくつかを対象とした。採点も基準がぶれないように一人の教師が行った。問題形式は、「次のような内容を伝える場合は英語でどのように表現するか」といった短文を書かせるもの、対話の中の一部を英文にするもの、トピックを与え、3文以上のまとまりのある英文を書かせるものとし、毎回15点満点とした。採点基準は、スペリングミスは−1点とし、3文以上のまとまりのある英文を書く問題については、関連性のない英文を書いた場合は、たとえ3文書いたとしても最初の1文しか採点対象としないこととした。

　実験群の生徒に対しては、3月上旬の授業で、暗唱活動についてどのように感じていたかを調査するためアンケートを行った。アンケート内容は、(1)「英文を暗記することはたいへんだったか」について、「5. とても簡単だった、4. 簡単だった、3. どちらともいえない、2. 難しかった、1. とても難しかった」の5件法で回答を求めた。また、暗唱活動は、4技能の伸長によい影響を与えたかについての意識を調査するため、(2)「暗唱活動で得たことは、英文を読むときに役に立つと思うか」、(3)「暗唱活動で得たことは、英語を聞くときに役に立つと思うか」、(4)「暗唱活動で得たことは、英文を書くときに役に立つと思うか」、(5)「暗唱活動で得たことは、英語を話すときに役に立つと思うか」の4項目について、「5. とても役に立つ、4. 役に立

つ、3.　どちらともいえない、2.　あまり役に立たない、1.　まったく役に立たない」の 5 件法で回答を求めた。そして最後に「暗唱活動についての感想」を自由記述で求めた。

5.　調査結果と考察

5.1　表現力調査

　帯活動として暗唱活動を実施した実験群と行わなかった統制群の 6 月、11 月、2 月それぞれの平均値の差は、活動を始めて 2 か月後の 6 月では、$t=0.56, df=58$ となり、活動を始めてから 7 か月が経過した 11 月では、$t=0.88, df=58$ でいずれも有意差は認められなかった。活動を開始して 11 か月経過した 2 月では、$t=2.03, df=58, p<.05$ となり有意差が認められた（表 1）。

　この結果から帯活動として行った基本文の暗唱活動が英文を正確に書く能力に与える効果は、6 月、11 月、2 月と時間の経過とともに少しずつ上昇していることが読み取れる。したがって、やり方や基本文の内容を改善していけば、書く能力の基礎力を身に付けさせるために行う活動としてある程度有効な手段になる可能性があると思われる。

表 1.　実験群と統制群の平均値の差（15 点満点）

| | 実験群（$n=30$） | | 統制群（$n=30$） | | | |
	平均値	分散	平均値	分散	t	p
6 月	9.50	16.05	8.90	17.54	0.56	.57
11 月	9.93	16.90	9.07	12.06	0.88	.38
2 月	8.70	21.52	6.23	22.46	2.03	.04[*]

[*]$p<.05$

　この暗唱活動の効果は、学習者のもつ英語力の違いで異なるのか調べるため、英語力の上位群、下位群別に平均値の差を検定した。表 2 に示した通り、6 月（上位群 $t=1.77$ 下位群 $t=0.16$）、11 月（上位群 $t=0.80$ 下位群 $t=0.67$）、2 月（上位群 $t=2.32$ 下位群 $t=1.55$）の 3 回とも上位群の方が下位群よりも平均値の差が大きかった。そして 2 月では、上位群で平均値の差に有意差が認められた（$t=2.32, df=28, p<.05$）。しかしながら、今回の調査では、参加者の人数が少なく、学力別の人数が 15 人にしかならなかった。そのため中位群を設定できなかった。学力が高いほど暗唱活動の効果が大き

いと推測されるが、さらに詳しい調査が必要である。

表 2.　実験群と統制群の学力群別平均値の差（15 点満点）

		実験群		統制群			
		平均値	分散	平均値	分散	t	p
6 月	上位群 (*n* = 15)	12.80	2.46	11.80	2.31	1.77	.08
	下位群 (*n* = 15)	6.20	7.46	6.00	16.00	0.16	.87
11 月	上位群 (*n* = 15)	11.93	12.50	11.10	5.10	0.80	.43
	下位群 (*n* = 15)	7.93	13.93	7.10	11.35	0.67	.51
2 月	上位群 (*n* = 15)	12.00	9.57	9.13	13.40	2.32	.02*
	下位群 (*n* = 15)	5.40	11.68	3.33	15.10	1.55	.13

*$p<.05$

5.2　アンケートによる意識調査

　実験群の生徒に対して、3 月上旬に行ったアンケート結果は以下の表 3 に示す通りとなった。(1)の「英文を暗記することは難しかったですか」については、「5. とても簡単だった、4. 簡単だった、3. どちらともいえない、2. 難しかった、1. とても難しかった」の 5 件法で回答を求めた。その結果、平均値は、2.90 であった。生徒は、暗唱活動にやや困難を感じていたようである。しかしながら、分散が大きいことからそれほど困難を感じていなかった生徒、かなり困難を感じていた生徒も同様にいた。この結果はある程度予想された結果であった。

　(2)の「活動で得たことは英文を読むときに役に立つと思いますか」、(3)の「活動で得たことは英語を聞くときに役に立つと思いますか」、(4)の「活動で得たことは英文を書くときに役に立つと思いますか」そして、(5)の「活動で得たことは英語を話すときに役に立つと思いますか」の 4 項目については、すべて平均値が 4.0 を超えており、また分散も小さいことから、暗唱活動は、4 技能のすべてに役に立つと感じていたと考えられる。特に生徒は、「書くこと」の技能に役に立つと感じていたことがわかった。その要因として、それぞれの暗唱カードを 5 回練習した後、まとめとして英作文の練習を取り入れたことが考えられる。5 回の授業で 1 枚の暗唱カードが終了すると、そのたびに英作文の練習を行ったことは、意識の上で「書くこと」に対する自信を付けたと思われる。

表 3.　実験群の暗唱活動に対する意識調査結果

No.	質　問　事　項	5	4	3	2	1	合計	平均	分散
(1)	英文を暗記することは難しかったですか。	1	9	9	8	3	30 人	2.90	11.27
(2)	活動で得たことは英文を読むときに役に立つと思いますか。	16	12	2	0	0	30 人	4.47	0.39
(3)	活動で得たことは英語を聞くときに役に立つと思いますか。	9	17	3	1	0	30 人	4.13	0.57
(4)	活動で得たことは英語を書くことに役に立つと思いますか。	21	7	2	0	0	30 人	4.63	0.38
(5)	活動で得たことは英語を話すときに役に立つと思いますか。	8	17	5	0	0	30 人	4.10	0.43

　質問事項の最後に自由記述式で暗唱活動に対する感想を求めた（JE カードを使った活動について感想を自由に書いてください）。英語力の違いで活動に対する意識がどのように違うのか、実験群 30 人の学力群別の感想をまとめると、以下のような特徴があった。

　上位群
　　・JE カードを使いインプットしておくことでアウトプットもしやすくなり、非常に優れたシステムであると感じた。
　　・JE カードは本当にやってよかったと思います。英語を覚えられるし、自由英作文をするときにとても役立ちました。5 回欠かさずやることで頭に入ってきやすいし覚えられます。しかも授業の最初にやることで、授業中英語が入ってきやすくなりました。
　　・JE カードをはじめてから、英語が理解しやすくなったし、テストでも良い点を取れるようになった。特に英文を書く時、すらすら出てきて本当によかった。

　上位群の生徒たちは、英文を暗唱することに対しては、あまり困難を感じていなかったと思われる。インプットした英文は、作文活動に役に立つと評価していたことと同時に授業の始めの部分に位置づけることによって忘れかけていた過去に学習した英文の知識を活性化させ、授業中の活動がしやすくなるという効果も理解していたことが読み取れる。

中位群

・声に出して読み、それを繰り返しやることでとても覚えやすくなると思いました。英文を書く時にもふと思い出すことがあってとても勉強になると思いました。

・かたまりとして覚えることができ、少し変えるだけで活用することができたのでよかったです。

・英文を気づかないうちに覚えていたりしてテストの作文などの時にとても役に立ちました。例文として頭に入っているのが出てきたりして、ああ、これがこうなるからこうだと組みかえしたりできるようになりました。

中位群の生徒たちは、同じカードを5回の授業で使うことで英文を暗唱できるまでになっていったと思われる。そして、暗唱した英文が核となり、それを応用して活用することができ始めていたことがうかがえる。

下位群

・覚えるのは少し大変だったけれど、それが英語のテストや授業ですごく役立ちました。前まで覚えられなかったり書けなかったりした英文が書けたり読めたりするようになってすごくうれしかったです。

・長い文が続くとなかなかすぐに覚えることができなかったけれど、英文を書く時に役に立ったからやってよかったと思いました。

・最初は暗記できなくて大変だったけど、やっていくうちに少しずつ暗記ができました。そしてだんだん英語が理解できるようになりました。

下位群の生徒たちが書いた感想からは、基本文を理解すること、暗唱することに困難を感じていたことがうかがえる。しかしながら、繰り返し練習することで意味を理解し、少しずつ暗唱できていったこともわかる。そしてそれらの基本文は、生徒たちが英文を読むときや書く時の助けになっていたことも読み取れる。また、とりあえず暗唱し、暗唱した英文の文構造をその後しっかりと理解していった生徒もいたと推測できる。

6.　まとめと今後の課題

　英文を書く基礎力を育成するために、基本文の暗唱活動とそれらの基本文を基にした和文英訳を帯活動として授業の最初の部分に設定して約1年間実践した。活動を行っていたクラスの生徒たちと行っていなかったクラスの生徒たちとの対象調査では、時間の経過とともに書く能力が少しずつ高まっていく傾向が見られた。特に英語力の上位群の生徒たちにその傾向が強かった。自由記述式のアンケート調査では、活動に対して多くの生徒が価値を感じていることがうかがわれた。4技能の中では、「書くこと」に役に立つと感じていた生徒が多かった。5回の口頭による活動の後に「書くこと」の活動を取り入れたことが、「書くこと」に役に立つと感じた要因のように思われる。

　今後の課題として、カードに載せる英文の内容を検討し、英語力の下位群、中位群の生徒たちにさらに効果的な活動にするための改善が挙げられる。また、暗唱活動で得た構文や表現を自分の気持ちや考えを表現する場面で活用できるようにさせるための活動を設定することが挙げられる。それが最終の目的となるべきであろう。

　田中・田中（2014）は、「事例基盤知識と規則基盤知識が相互に影響を与えながら、言語習得が進んでいくものと考えられる」（p.224）と述べているが、暗唱活動で得た知識は、基本文の主語や時制を変えればある事柄が表現できるという事例基盤知識が中心である。暗唱した基本文をさらに多くの場面と結び付けて活用する練習を設定し、規則基盤知識として活用する場面の設定も必要であろう。自分の考えや気持ちを理論の一貫性と結束性のある、ある程度の長さの英文で書くことができるようにさせるためには、さらなる活動や工夫が必要である。

第3部のまとめ

　繰り返して指導し基礎学力の定着を図ることを目的として、授業の最初に帯活動を設定している教師は多い。活動の種類としては暗唱活動を行う場合が多い。

　第3部では、ペアで一方が日本語を言い、他方がそれを聞いて英語に変えるという基本文の暗唱活動の英作文に対する効果について考えた。1年生と

3 年生で実施した基本文の暗唱活動の英作文に対する効果についての調査結果は、どちらの学年も上位群の生徒に有意差が見られた。また、下位群の生徒に有意化傾向が見られた。そして、アンケートによる意識調査では、生徒たちは基本文の暗唱活動に対する価値を感じており、生徒たちに受け入れられていることがわかった。

第 **4** 部

Dictogloss
（ディクトグロス）

Abstract

　近年、Wajnryb（1990）が提唱した Dictogloss が再び英語教師や研究者から注目されるようになった。Dictogloss が日本の教育現場で本格的に実践されるようになったのは、20 年ほど前からだと記憶している。この活動が再び注目されるようになったのは、活動過程に、協同学習の過程や技能間の連携があり、学習指導要領に示されているコミュニケーション能力の育成を目指した指導方法に適するからであろう。

　第 4 部では、Dictogloss を中学校の授業で実践した 2 つの事例を報告する。第 1 章では、中学校 1 年生の実践報告である。Dictogloss を行っている生徒の活動記録を基に、生徒の思考過程を調査した事例である。

　第 2 章では、中学校 2 年生の実践報告をする。Dictogloss を定期的に実施することで、生徒の文法能力にどのような影響があるのか調査した。授業で、各単元の終わりに Dictogloss を実施していた教師が担当したクラスの生徒と、各単元の終わりにまとめの練習問題を実施していた別の教師が担当したクラスの生徒の文法能力には違いが表れるのか、また、Dictogloss で焦点を当てた文法項目と文法能力テストには関連があるのか、2 人の教師の 6 か月間の教育実践結果を文法能力の観点から調査した。

第1章

中学校1年生の調査

1. はじめに

英語教師が集まる研修会や研究会で、基礎・基本の定着、言語使用の正確さに関することが課題として取り上げられることが多い。学習指導要領でも、これらの問題点を改善していく指導の方向性が示されてきた。例えば、旧学習指導要領の「言語材料の取扱い」の項では、「学習内容の中で定着しにくい部分を繰り返して指導し定着を図る」、「文法については、コミュニケーションを支えるものであることを踏まえ、言語活動と効果的に関連づけて指導すること」という記述が見られる。また、「英語の特質を理解させるため、関連のある文法事項はまとまりをもって整理するなど、効果的な指導ができるように工夫すること」と書かれ、「指導計画と内容の取扱い」の項では、「教材は、聞くこと、話すこと、読むこと、書くことなどのコミュニケーション能力を総合的に育成するため、実際の言語の使用場面や言語の働きに十分配慮したものを取り上げるものとする」と記載され、新しい視点に立った文法指導観や4技能を総合的に扱う指導の必要性を示している。

このような指導を具体的に実践するために、「フォーカス・オン・フォーム」という言葉で示される様々な指導方法が提案されてきた（e.g., 和泉, 2009；村野井, 2006；高島, 2011）。これらの指導方法の特徴は、「意味重視の指導の中でなされる形式への注意喚起」（松村, 2012:100）があることであり、近年の第二言語習得研究の成果を教育実践の場で具体化しようとする提案である。

Wajnryb（1990）が提唱したDictoglossは、「フォーカス・オン・フォーム」の考え方と一致した指導方法で、近年、再び注目されてきた。Dictoglossは、文法能力を中心とした基礎学力の伸長や文法学習に対する意欲の向上に効果がある（池谷, 2012；今井, 2005；岩本, 2013；甲斐, 2009）だ

けでなく、人間関係づくりにも寄与する（根本，2012）ことがわかってきたのである。

2.　Dictogloss について

　Wajnryb（1990）が提唱した Dictogloss と呼ばれる指導方法は、Preparation, Dictation, Reconstruction, Analysis and Correction という 4 段階で構成されている。

　活動の手順は、最初にトピックに関連した語彙などを導入し、学習者のトピックに関する背景的知識を活性化する。その後、テキストがポーズを入れずに 2 回読まれ、それを聞く。学習者は、1 回目の聞き取りでは、メモを取らずに内容理解に集中する。2 回目にテキストが読まれる時、自分が聞き取った単語や語句をメモする。次に、メモした単語や語句を持ち寄り、数人で構成されたグループで読まれたテキストの内容をまとまりのある英文にしていく。その英文は、一般的なディクテーションのように読まれたテキストとまったく同じものにする必要はなく、同じ内容を表現すればよいことになっている。最後に各グループが作った英文を内容的に正しいか、文法的に正しいかという観点に立ってクラス全体で検討する。ディクテーションに似たこの活動は、Grammar Dictaion と呼ばれることもある。

　この指導方法（Dictogloss）のねらいを提唱者の Wajnryb（1990:6）は、3 つ挙げている。1 つ目は、学習者に産出的な文法力（productive grammar）を使う機会を与えることである。2 つ目は、学習者に自分が英語について何がわかっていて何がわからないかを見つけさせる機会を与えることである。そして 3 つ目は、学習者の英語使用能力を高め、洗練させることである。その他、この活動は、学習過程に学習者が作った英文が意味内容と言語形式の両面で正しいかどうか検討させる段階を設けているので、学習者のメタ認知能力を高める効果もある（Wajnryb, 1987a）とされている。

　グループ活動を活用する Dictogloss は、言語能力を高めることばかりでなく、人間関係作りにも効果があると考えられる。指導過程に各自がつかんだ情報を持ち寄って英文を作り上げていく学習段階では、扱うトピックを授業者が学習者に合わせて選択することによって、言語能力が高くない学習者でも活躍の場を与えることができ、協同学習が成立する可能性があるのである。

　このように、Dictogloss は、学習者に4技能に関わる活動を1つの課題の
中で行わせ、第二言語習得研究の成果から考えられた学習理論の中心的な理
念を取り入れることのできる指導方法である。

3.　先行研究

　Dictogloss に関する調査研究は、海外で行われたものが多く、学習者の活
動の様子や意識の動向の分析など、質的なものが中心であった。しかし、近
年、言語習得に関連した数量的な調査研究も増えてきている。また、日本国
内でも日本人英語学習者を対象とした研究報告が数多くされるようになって
きた。

　Swain（1998）は、フランス語をイマージョンプログラムで学んでいる8
年生を対象に調査している。それぞれの学習者が書き取ったメモを基にグ
ループで話し合いを行い、言語形式（文法面）について正しい解決策を見つ
けたグループの学習者は、1週間後のポストテストでも正確な英文が作れた
が、正しい解決策を見つけることができなかったグループの学習者は、正し
い英文が作れなかったことを報告している。そして、学習者は、グループの
話し合い活動で出した解決策に固執する傾向があることを指摘している。

　この調査結果から、グループ活動の後に全体の場で各グループが作った英
文を言語形式と意味内容の両面から確認する場をもち、学習者だけでは気づ
かないことを教師の支援で気づかせる場面が必要であることが読み取れる。

　甲斐（2009）は、日本の高校生を対象に調査し、グループの人数に関し
て、2人で活動したグループよりも3人あるいは4人編成のグループの方
が、作成した英文の量が多かったことを報告している。また、「Dictogloss
についてどのようなことを感じたか」についての自由記述調査では、「聞き
取り能力が不十分であることがわかった」、「メモを取ることが難しかった」
など、自分の英語力の足りない部分を自覚したという内容の記述や「自分一
人ではわからなかったことをグループの話し合いで理解できた」など、グ
ループ活動の有効性を感じていた生徒がいたことを明らかにしている。

　池谷（2012）は、中学校1年生を対象に「小・中の円滑な接続」を意識し
た授業の単元計画を作り、Show and Tell ができるようになることを単元目
標とした「プロジェクト型学習」の授業を実施した。その学習過程に「コ
ミュニケーション能力の素地」を生かした「文法指導」を行うことを目的

に、Dictogloss を実施している。「コミュニケーション能力の素地」とは、技能面に関しては、「発話者が何を言おうとしているのか全体として理解する力」（白畑，2009）、「聞いたこと・聞き取ったことを即座に弁別できる力」（石濱，2008）であり、態度面では、「友だちと積極的に対話活動に取り組む態度」、「英語で話されたことを聞き取ろうとする態度」（池谷，2012）だと考えられる。そして、その単元学習の前後に実施した意識調査の結果を分析し、文法学習に対する意欲の向上が見られたことを報告している。

　この報告から、小学校では十分に行われていない文法指導を中学校 1 年生に実施する際、Dictogloss が文法学習に対する学習意欲の向上に役立つことが読み取れる。

　岩本（2003）は、Dictogloss に取り組んだ中学校 1 年生のグループ活動中の観察記録及びグループ活動の前後に生徒が書いた英文を比較、分析し、「個人で聞き取る活動では意味内容に注意が向き、個人で英文を書く活動では、意味内容と言語形式に注意が向き、グループ活動では、意味内容と言語形式に注意が向いていた」ことを報告している。そして、生徒だけでは、気づかない誤りが存在し、教師の支援で言語形式と意味内容について検討する場をもつ必要があることを指摘している。

　岩本（2012）は、「グループ編成の仕方が活動意欲に与える影響」を調査する際に Dictogloss を実施している。そして、グループ編成の仕方の違いは学習意欲に影響を与えたが、どのような方法でグループを編成しても、Dictogloss に対して個人が感じる「課題に対する価値」は高かったことを報告している。

　Dictogloss が言語能力に与える影響に関して、今井（2005）は、中学生を対象に、「文法説明後にタスク活動を実施した集団」、「文法説明後にタスク活動を 2 回実施した集団」、そして「文法説明後にタスク活動と Dictogloss を実施した集団」の現在形、過去形の文法項目の定着率を調査している。そして、「タスク活動後に Dictogloss を実施する方が、タスク活動後に Dictogloss を実施しない場合よりも、現在形、過去形の文法項目の定着率が向上する」ことを実証している。さらに、今井（2012）は、高校 1 年生を対象として、「Dictogloss 後にタスク活動を行った集団」、「タスク活動後に Dictogloss を行った集団」、そして「タスク活動後に練習問題を行った集団」の現在完了形の正答率を調査し、「タスク活動後に Dctogloss を行った集団」の定着率が最も高かったことを報告している。そして、授業の中の Dictogloss

の位置づけや連動して行う活動を考える必要があることを示唆している。

　前田（2008）は、高校生を対象にリスニング能力の向上を目的として、約4か月間に20回のDictoglossを実施し、その成果を調査している。その結果、Dictoglossは、リスニング能力とライティング能力の向上に効果があったことを報告している。そして、文法能力の向上には、Dictoglossに加えて何か他の指導が必要であることを示唆している。

　このように先行研究からは、Dictoglossは学習者に自分の言語能力の足りない部分を自覚させ、協同学習によって学習者の文法学習に対する意欲を高める効果があることがうかがわれる。また、言語能力の伸長に関しては、特定の文法項目を焦点化してDictoglossを実施することで、その文法項目の定着率が向上し、その実施にあたっては、何かの活動と連動させて実施する方が効果を高めることが読み取れる。またDctoglossは、4技能を活動の中で使用するため、本来の手法を改良したり応用したりして実施することで、文法能力だけでなく、リスニングやライティングの能力の伸長にも効果があることがうかがわれる。

4.　Dictogloss を利用した言語活動の調査

　Dictoglossは、まとまりのある英文を聞き、それを正確な英文で要約していくという、かなり高度な学習過程が設定されている。日本でこの学習方法を取り入れるとすれば、ある程度英語学習が進んだ高校生以上の学習者でなければ学習が成立しにくいように思える。そこで、中学校1年生でも対処できるように修正を加えて実践した。材料文は、生徒が教科書で慣れている対話形式を用い、文法事項、語彙は既習のもの以外は使わないようにした。また、英文の分量も教科書2ページに相当する量を越えないようにした。また、英文を聞いて行う課題は、対話で話された内容のすべてを要約するのではなく、話している人物の中の一人について焦点を当ててまとめるものとした。

　指導手順に関しては、生徒が聞き取り活動で個人でメモを取った後、すぐにグループ活動を行うのではなく、個人で自分なりの英文を完成させてからグループ活動を行った。個人で英文を作り上げることで、自分がもつ文法的な知識をその場面で活用する練習になり、グループ活動の前に、各自に自分のもつ英語の力、文法の知識を自覚させたいというねらいがあった。また、

個人で英文を作る機会をもつことで、グループ活動の時に自分の作った英文の間違いに気づきやすくさせたいというねらいもあった。

　Dictogloss を使った活動中、生徒はどのような英文を作り上げていくのであろうか。最初に個人で作った英文とグループ活動後に個々の生徒が修正した英文を比較し、生徒の活動の様子、グループ活動が与える影響を調査した。

4.1　調査の目的

　Dictogloss を利用したグループ活動を取り入れた活動は、個人で聞き取って作った英文の言語形式や意味内容にどのような影響を与えるか調査する。

4.2　調査の手順

　中学校の 1 年生のクラスで実施した、Dictogloss を利用した聞き取り練習の生徒の解答を分析した。

　クラスの人数は 32 人で、実施時期は 11 月中旬である。生徒は、この時期までに一般動詞を使った文、be 動詞を使った文、複数形の文、主語が三人称単数の文、what, where, when, how many を用いた疑問文を学習していた。また、生徒は、この練習方法について、その時までに 4 回ほど経験しており、手順については十分慣れていた。

　グループ構成は、各グループ 5 人あるいは 6 人で編成し、7 月と 10 月に実施した英語の定期テスト結果を基に、それぞれのグループに学力の上位群、中位群、下位群の生徒が所属するようにした。

　聞き取り練習の手順は、以下のように行った。最初にプレリスニング段階を設け、これから聞く対話文の状況と聞きながら行う課題について説明した。

　対話文は、JTE が ALT にいくつかの質問をし、ALT がその質問に答えるという形式である。なお、対話文は、録音しておいたものを生徒に聞かせた。音声は、なるべく自然の速さで話すように ALT にお願いし、特にポーズは設けていない。生徒はその ALT の授業を 4 月から 6 月までの 3 か月間受けていたため、ALT の発音には慣れており、また、ALT が答える内容にも興味をもっていた。

　この練習の課題は、「対話文を聞いて ALT についてわかったことを英語で書く」というものである。対話を 2 回聞かせ、聞きながらメモを取らせ

た。その後、そのメモを基に個人で英文を作らせた。その後、6分間のグループ活動の時間を設定した。グループ活動では、個人で作った英文を持ち寄り、正確な英文を完成させるよう指示した。なお、最初に個人で解答した英文を訂正したり、付け加えたりする場合には、赤色で書くよう指示した。色を変えるのは、自分の学習過程を後で振り返る時に利用するためである。その後、各グループの解答を黒板に板書して全体で内容を検討した。

　生徒には、メモを取る欄、英文を書く欄を設けたワークシートを配布して実施した。今回は、調査のため、グループ活動の後、ワークシートを回収した。

　この練習の手順を図式化すると以下のようになる。

①プレリスニング活動（対話の状況と課題の説明）
　　↓
②対話を2回聞く
　メモを取る
　　↓
③メモを基に個人で英文を書く
　　↓
④グループ活動を行い英文を完成させる
　　↓
⑤クラス全体で各グループの英文を検討する

　グループ活動での生徒の活動の様子を知るため、③の段階で作った英文と④の段階で出来上がった英文の違いを分析した。なお、聞かせた対話文と予想される解答例は、以下の表1と表2に示した通りである。

表1. 対話文

JET ： Ms Costaras, may I ask you some questions?
ALT ： Sure.
JET ： What subjects do you like at school?
ALT ： I like music. I play the piano.
JET ： I see. How many Japanese CDs do you have?
ALT ： I have 20 Japanese CDs.
JET ： Pardon?
ALT ： 20 Japanese CDs.

JET： Oh, I see. What do you watch on TV?
ALT： Un..... I watch baseball games.
JET： Then, are you a baseball fan?
ALT： Yes, I am. I am a baseball fan.
JET： By the way, where do you live now?
ALT： I live in Yaizu.
JET： I see. Thank you very much.
ALT： You're welcome.

表2．予想される解答

Ms.Costaras likes music.
She plays the piano.
She has 20 Japanese CDs.
She watches baseball games on TV.
She is a baseball fan.
She lives in Yaizu.

4.3　結果

　聞き取り活動時の個人での解答とグループ活動を行った後の解答の中で、学力の上位群、中位群及び下位群それぞれの特徴をよく示しているものを表3に示した。

表3．

最初の解答	グループ活動後の解答
上位群	
⑴ She likes music.	She likes music.
She plays the piano.	She plays the piano.
She has 20 Japanese CDs.	She has 20 Japanese CDs.
She watches baseball game on TV.	She watches baseball games on TV.
She is baseball fan.	She is baseball fan.
She lives in Yaizu.	She lives in Yaizu
⑵ She likes music.	She likes music.
She plays the piano.	She plays the piano.
She has 20 Japanese CDs.	She has 20 Japanese CDs.
She watches baseball games.	She watches baseball games on TV.
She is a baseball fan.	She is a baseball fan.
She lives in Yaizu.	She lives in Yaizu.
⑶ She likes music.	She likes music.
She plays the piano.	She plays the piano.

She has 20 Japanese CDs.
She watches baseball games on TV.
She is baseball fan.
She lives in Yaizu.

She has 20 Japanese CDs.
She watches baseball games on TV.
She is baseball fan.
She lives in Yaizu.

中位群

(4) She likes music.
She plays the piano.
She haves 20 Japanese CDs.
She watches baseball games on TV.
She is baseball fan.

She likes music.
She plays the piano.
She _has_ 20 Japanese CDs.
She watches baseball games on TV.
She is baseball fan.
She lives in Yaizu.

(5) She likes music.
She play the piano.
She haves 20 Japanese CDs.
She is baseball fan.
She watch baseball games on TV.
She lives in Yaizu.

She likes music.
She _plays_ the piano.
She _has_ 20 Japanese CDs.
She is baseball fan.
She _watches_ baseball games on TV.
She lives in Yaizu.

(6) She likes music.
She plays the piano.
She has Japanese CDs 20.
She watchs baseball games on TV.
She is baseball fan.

She likes music.
She plays the piano.
She has _20 Japanese CDs._
She _watches_ baseball games on TV.
She is baseball fan.
She lives in Yaizu.

下位群

(7) She play piano.
She live in Yaizu.
She watch baseball game on TV.
She is baseball fan.
She have 20 Japanese CDs.

She play piano.
She live in Yaizu.
She _watches_ baseball _games_ on TV.
She is baseball fan.
She _has_ 20 Japanese CDs.

(8) She like music.
She play the piano.
She have 20 Japanse CDs.
She like baseball.
She wath baseball on TV.

She _likes_ music.
She _plays_ the piano.
She _has_ 20 Japanse CDs.
She is baseball fan.
She _watches_ baseball _games_ on TV.
She lives in Yaizu.

(9) She like mesic.
She is basesbaol fan.

She _likes_ mesic.
She is _baseball_ fan.
She has 20 Japanese CDs.

4.4　考察

　この練習の課題に答えるためには、生徒は、一般動詞を使った文、be 動詞を使った文、複数形の文、主語が三人称単数の文を使わなければならない。つまり、それまでに学習した言語形式のほとんどすべてを使わなければならない総合的な課題である。また、JTE が質問した内容と ALT がその質問に答えた内容にも注意を払わなければならない。つまり、言語形式と意味内容の両方に注意を向けなければならない課題である。

　まず、上位群の生徒の解答について検討したい。上位群の生徒の個人での解答を検討すると、⑴、⑵、⑶の 3 人の生徒のように、ほとんどの生徒が 6 つの情報を正しくつかんでいた。また、書かれた英文も情報を受け取った順番に書かれていた。上位群の生徒のほとんどは、話された内容を正しく聞き取っていた。しかし、言語形式に関しては、複数形の s を付け忘れたり、単数を示す冠詞の a を付け忘れたりている生徒がいた。

　グループ活動後の解答を分析すると、⑴の生徒は、game を gemes と訂正しており、複数形にしなければならないことに気づいたことがわかる。また、⑵の生徒は、グループ活動で on TV という情報を得て書き加えている。しかし、⑵の生徒は、a baseball fan の部分の冠詞 a を落としたままである。つまり、グループ活動を行ってもグループの中でこの誤りの部分に気づいた生徒はいなかったことがわかる。⑶の生徒も同様に冠詞 a の部分に気づいていない。

　グループ活動で話し合いの中心になっているのは、上位群の生徒である。上位群の生徒がこの単数を示す冠詞 a の部分の誤りに気づかなかったグループでは、同じグループの他の生徒も訂正がなされていない場合が多かった。酒井（2001）は、発達段階が異なると気づきの種類が異なり、学習者が処理できる範囲内でしか気づきが生じないことを指摘している。上位群の生徒は、冠詞の文法項目だけに注目して学習している時は、この誤りに容易に気づくはずである。しかし、多くの文法事項を総合的に使うこの課題では、上位群の生徒であってもこの部分の誤りに気づかず、処理しきれなかったのであろう。改めて複数の文法項目を総合的に使う課題の難しさを感じた。

　次に中位群の生徒の解答を検討したい。中位群の生徒の個人での解答を見ていくと、⑷と⑹の生徒のように、6 番目の情報を書いていない生徒が多かった。また、⑸の生徒のように情報を受け取った順番とは異なる順番で英文を書く生徒が目立った。中位群の生徒は、内容の理解という点で、上位群

の生徒に比べ、やや困難を感じたようである。中位群の生徒にとってこの課題は、発話速度が速すぎ、処理する情報量が多すぎたと思われる。言語形式の面では、三人称単数のs、esの付け忘れや単数を示す冠詞aの付け忘れが目立つ。

　グループ活動後の解答を検討すると、グループ活動で三人称単数のsの文法事項や語順の誤りに気づき、これらの部分の誤りは訂正されている。しかし、上位群と同様にa baseball fanの部分の冠詞aに気づかないままの生徒が多かった。

　最後に下位群の生徒の解答を検討したい。下位群の生徒の個人での解答を見ると、聞き取り能力が弱く、理解できた情報量が少ないことがわかる。また、言語形式に関しては、the、aの冠詞を落とし、三人称単数のs、esの付け忘れや特殊形であるhasをhaveのままにしている生徒がほとんどであった。また、(9)の生徒のように基本的な単語の綴りの誤りも目立った。

　下位群の生徒は、基本的な文法のきまりをしっかり理解していない生徒が多く、理解していても実際の運用場面では正しく使えない生徒が多いことがわかる。また、三人称単数のsについてその項目のみに注目して学習した時には理解できていた生徒も、多くの文法項目が総合的に使われるこの活動では誤りが多かった。

　グループ活動後の解答を検討すると、三人称単数のs、esの部分、複数形のsの部分の誤りは訂正している生徒が多いが、上位群や中位群と同様に、単数を示す冠詞aの部分は訂正されていない。また、時間内に6つの英文を書くことが困難な生徒が多く、誤りを訂正できないままにしている生徒も目立った。下位群の生徒にとってこの課題はかなり難度の高い課題だったと言える。

5.　まとめ

　言語活動で意味内容と言語形式の両方に生徒の注意を向けさせる手段として、Dictoglossの手法は有効に機能するように思える。個人で取り組む聞き取り活動では、意味に注意が向き、個人で英文を書く活動では、意味と言語形式の両方に注意が向けられ、そしてグループ活動においても、意味と言語形式の両方に注意が向けられていた。しかしながら、グループ活動後の解答でも誤りが訂正されていない文法項目があった。つまり、グループの中で誤

りに気づいた生徒がいなかったということである。したがって、正確さに関しては、グループ活動の後に全体の場で英文を検討する段階が必要であろう。

　リスニング練習において大切な要素に自分のリスニングの過程を自己認識し、自分の理解の仕方を確認する活動が挙げられる。また、聞き間違えた場合には、その誤りがどこから生じたのかを確認する活動が挙げられる（Field, 1997, White, 1998）。これらの活動は、いわゆる「メタ認知能力」を高めるための活動である。Dictogloss は、これらの活動にも適しているように思われる。グループ活動において自分の聞き取った内容を振り返ったり、グループの他の生徒から自分が聞き間違えた部分を教えられたりするからである。

　山森（2003：160）は、「学習者は、コミュニケーションがうまくいかない原因を探る中で自分自身の言語規則に関する知識やそれを操作する技能を振り返り、次の試行を成功させるために克服すべき課題を設定・解決する」と述べ、「それは、単に既習の言語規則の運用の誤用を訂正することではなく、コミュニケーションの失敗に気づくことであり、新たな言語体験の始まりを意味する」ことを指摘している。そして、学習者がコミュニケーションに失敗し、それに気づく仕掛けを授業に組み込むことの大切さを訴え、そのためには、習熟や適性の異なる学習共同体を組織することの必要性を指摘している。グループを編成する上での配慮事項であろう。また、言語学習ストラテジーに関して、大和（2002：116）は、今まで行われてきた言語活動は、「学習者がストラテジーの使用とその効果を自ら進んで意識化・言語化するメタ認知的経験が不足していた」ことを指摘している。ストラテジー指導の観点からも、このグループ活動を取り入れた Dictogloss の手法は効果的であるように思う。

第 2 章

Dictogloss が文法能力に与える影響についての調査

1. はじめに

　英語の授業で Dictogloss を実施すると文法能力は向上するのか調査したい。しかしながら、1人の教師が自分が担当するクラスを実験群と統制群に設定して、長期間の対照実験、対照調査をすることは、倫理的に許されることではない。そこで、各単元の終わりに Dictogloss を実施していた教師が担当したクラスの生徒と、各単元の終わりにまとめの練習問題を実施していた別の教師が担当したクラスの生徒では、文法能力に違いが出るのか、また、Dictogloss で焦点を当てた文法項目と文法能力テストには関連があるのか、2人の教師の6か月間の教育実践結果を文法能力の観点から調査したい。

2. 調査

2.1　調査の目的

　通常授業の各単元の終わりに Dictogloss を定期的に実施することで、英語の文法能力に影響があるか調査する。

2.2　調査仮説

　各単元の終わりに Dictogloss を定期的に実施することは、実施しない場合と比較して生徒の英語の文法能力を高める。

2.3　参加者

　調査の参加者は、公立中学校の2年生60人である。1学期の定期テスト結果（7月中旬実施）を基に等質の2集団を設定し、一方を実験群（30人）、他方を統制群（30人）とした。

　統制群を担当していた教師は、各単元の終わりに単元のまとめとして教科書に載っていた練習問題（リスニング、英作文、長文読解、文法問題）を 1 時間の授業（50 分間）で行った。そして Dictogloss はまったく実施していなかった。

　一方、実験群を担当していた教師は、各単元の終わりに単元のまとめとして 50 分間の授業の 40 分間を使い Dictogloss を実施し、残りの 10 分間は、教科書に載っていた練習問題の一部を行った。

　調査対象となる授業実践期間（Dictogloss を実施した期間）は 9 月から 2 月までの約 6 か月間である。

2.4　授業実践

2.4.1　Dictogloss の実施状況

　実験群を担当していた教師は、9 月〜2 月までの約 6 か月間に 6 回 Dictogloss を実施した。各回の実施時期とその時に焦点化した主な文法項目は、以下の表 1 の通りである。

表 1.　Dictogloss の実施時期と焦点化した文法項目

実施時期	焦点化した文法項目
9 月下旬	過去形、未来表現
10 月下旬	三人称単数 s、接続詞（when, that）
11 月下旬	不定詞
12 月下旬	動名詞
1 月下旬	接続詞（that, if）
2 月下旬	比較の文

2.4.2　Dictogloss の手順

　6 回とも ALT と JTE との Team Teaching の授業の中で実施した。JTE が ALT に質問し、それに対して ALT が答えるという形式のスクリプトを作成した。生徒は JTE と ALT の対話を聞いて ALT についてわかったことをメモし、そのメモを基に個人で英文にした。その後、各個人が作成した英文を持ち寄り、グループで言語形式、意味内容が正しくなるように留意して英文を完成させた。各グループとも英文は小型のホワイトボードに書き、最後の学習段階でそれを前面の黒板に掲示してクラス全体で検討した。これら

の授業では、生徒がグループ活動で英文を作成している学習段階では、教師はほとんど介入せず、全体で各グループの英文を検討する段階で、英文の誤りに関して生徒に改めて適切な表現、言語形式を考えるよう求めた。そして、生徒だけでは訂正できなかった場合に教師が明示的訂正を行った。

2.4.3　調査問題

　調査問題は、各文法項目の形態面での理解及びそれに意味が絡んだ段階での理解を試すことを意図して作成した。解答方法は、5 つの選択肢から最も適するものを 1 つ選ぶ形式とした。出題した文法項目は、生徒が 1 年生の時から 2 年生の 2 月までに学習したものの中から、be 動詞と一般動詞の過去形、現在形、現在進行形、未来表現、不定詞、比較の文、助動詞、そしてそれらの肯定文、疑問文など、主なものを網羅した。問題数は 16 問で解答時間は 15 分間とした。実施時期は、年度末の 3 月中旬である。

2.5　結果

　実験群と統制群の平均値は、以下の表 2 に示した。5% 水準の t 検定で有意差が認められた。実験群の生徒の方が統制群の生徒より文法力が付いたことを示している。そして実験群と統制群の学力群別の平均値は、表 3 に示す通りとなった。中位群と下位群の生徒に有意差が認められた。特に下位群の生徒に違いが認められた。また、文法項目ごとの正答率は、表 4 に示す通りとなった。Dictogloss で焦点化した文法項目について影響があったのか、考察で詳しく検討したい。

表 2.　実験群と統制群の平均値の比較

	実験群 ($n=30$)	統制群 ($n=30$)
平均	12.37	10.23
分散	9.48	17.91
t 検定 両側検定	*$p=.029$	$t=2.23$

*$p<.05$

表 3.　実験群と統制群の学力群別の比較

	実験群 ($n=30$)		統制群 ($n=30$)		t 検定 両側検定
	平均	分散	平均	分散	
上位群 ($n=10$)	14.40	2.27	13.80	4.18	$t=0.74$ $p=.464$ ns
中位群 ($n=10$)	13.40	2.71	11.70	3.34	$t=2.18$ *$p=.042$
下位群 ($n=10$)	9.30	9.34	5.20	5.51	$t=3.36$ *$p=.003$

*$p<.05$

表 4.　問題別の正答率

	文法項目	実験群 ($n=30$)		統制群 ($n=30$)	
		正答数	正答率	正答数	正答率
1	be 動詞 is・現在形（肯定文）	29	96.7%	25	83.3%
2	一般動詞・現在形（三人称単数肯定文）	18	60.0%	19	63.3%
3	be 動詞・現在形（疑問文）	24	80.0%	25	83.3%
4	一般動詞・現在形（三人称単数疑問文）	21	70.0%	20	66.7%
5	一般動詞・現在形（疑問文）	26	86.7%	23	76.7%
6	How many を使った疑問文	26	86.7%	21	70.0%
7	be 動詞 are・現在形（肯定文）	17	56.7%	17	56.7%
8	be 動詞・過去形（肯定文）	29	96.7%	22	73.3%
9	一般動詞（規則動詞過去形）	24	80.0%	19	63.3%
10	助動詞（can）	26	86.7%	23	76.7%
11	現在進行形（肯定文）	17	56.7%	18	60.0%
12	未来表現（will）	24	80.0%	16	53.3%
13	不定詞（名詞的用法）	25	83.3%	18	60.0%
14	比較の文（-er than）	26	86.7%	21	70.0%
15	最上級の文（the -est）	23	76.7%	14	46.7%
16	接続詞（that）	16	53.3%	6	20.0%

2.6　考察

　実験群を担当していた教師は、6 か月間の授業の中で、各単元の終わりに Dictogloss を実施した。実施回数は合計 6 回で、約 1 か月に 1 回のペースで行った。一方、統制群を担当していた教師は、各単元の終わりに教科書の各単元のまとめとして載っている練習問題（リスニング、文法問題、英作文、長文読解）を実験群とほぼ同じ時期に行い、Dictogloss は実施していなかった。なお、実験群を担当していた教師は、まったく練習問題を行わなかったわけではなく、Dictogloss に加えて一部の練習問題を行った。つまり、50 分間の授業のすべてを Dictogloss に使ったわけではなく、10 分程度は練習問題演習に時間を使っていた。したがって、実験群を担当していた教師は、Dictogloss と練習問題を組み合わせて授業を行っていたことになる。

　6 回の Dictogloss を行った実験群の文法問題の平均値は、12.37 で、統制群と比較して 2.05 高かった。そして 5% 水準の t 検定で有意差が認められた（表 2）。したがって、継続的な Dictogloss の実施は、文法能力の伸長によい影響を与えることが推測される。

　学力群別に見ると、下位群、中位群に 5% 水準の t 検定で有意差が認められ、上位群には認められなかった。そして下位群に最も Dictogloss の影響が見られた（表 3）。このことから、今回の実践では、Dictogloss は文法能力が十分に身に付いていない生徒に対する指導法として有効であることがうかがわれる。上位群にも有効に機能させるためには、扱う教材や指導方法をさらに工夫する必要があると考えられる。

　実験群の文法問題の正答率が統制群の正答率と比較して高かった問題は、16 問中 12 問（be 動詞・現在形・肯定文、一般動詞・三人称単数形・疑問文、一般動詞・現在形・疑問文、wh- 疑問文・現在形、be 動詞・過去形・肯定文、規則動詞・過去形、助動詞、未来表現、不定詞、比較の文、最上級の文、接続詞・that）だった。他の 4 問の中の 1 問（be 動詞・現在形・肯定文）は同じ正答率で、残りの 3 問（三人称単数形・肯定文、be 動詞・現在形・疑問文、現在進行形・肯定文）は、統制群の方が 3.3% 高かった。

　正答率の差が最も大きかった問題の文法項目は、接続詞 that で実験群の正答率が 53.3% に対して統制群の正答率は 20.0% だった。次に差が大きかった問題の文法項目は、比較の文（最上級の文）で、実験群の正答率が 76.7% に対して統制群の正答率は 46.7% だった。その他、両群間の差が大きかった問題の文法項目は、未来表現（will）と be 動詞の過去形、そして不定詞（名詞的用法）だった。正答率の差が大きかった文法項目は、Dictogloss で焦点化した文法項目（表 1）とほとんど一致しており、Dictogloss が影響を与えたことが推測される。

3.　まとめと今後の課題

　現在まで行われてきた Dictogloss が文法能力に与える調査の多くは、ある単数の文法項目に焦点を当て、その文法項目の正答率がどの程度向上したか調べたものが多かった。また、調査を目的としたため、実践期間が短いものが多かった。実際の授業で長期間にわたって定期的に実践した結果の調査が少ないのは、1 人の教師が複数のクラスを使って長期間にわたる対照実験をすることは倫理的に許されないからである。そこで、6 か月間、各単元の終わりに Dictogloss を実施した教師のクラスの生徒と、各単元の終わりにまとめの練習問題を実施した別の教師のクラスの生徒の文法能力について調査した。

　調査結果から、継続的、定期的に Dictogloss を実施することは、実施しない場合と比較して文法能力の伸長に効果があることが推測された。そして、Dictogloss の活動で焦点化したほとんどの文法項目の定着はよくなることもうかがわれた。また、いくつかの先行研究が示すように、Dictogloss は他の活動と組み合わせて実施することでより効果的になることが推測された。

　Dictogloss に関しては、多くのことが今後の課題として残されている。その中でも中心課題として 3 つのことが挙げられる。

　Dictogloss が有効に機能するためには、「フォーカス・オン・フォーム」の基本的な理念である、「学習者が自分が表現したい意味内容と表現できる言語形式のギャップに気づき、そのギャップをグループ・ペアでの話し合いや教師の支援で埋めていく」という活動がうまくいく状態を作らなければならない。学習段階では、Reconstruction と Analysis and correction に当たる部分である。この学習段階では、学習者の「気づき」とそれを支援する教師の関わり方が問題となる。

　残された第一の課題は、「気づき」に関わる問題である。Kuiken.F and Vedder.I（2002）は、Dictogloss のグループ活動の中で学習者がもつ「気づき」に注目し、その気づきを 'simple noticing' と 'elaborate noticing' に分類している。そして、より深い気づきをもったグループの学習者たちは、そうでないグループの学習者と比較して、質、量とも作り上げた英文が優れていたことを報告している。グループ活動が活発になり、より深い「気づき」が生まれるためのグループあるいはペアの編成の仕方、活動のさせ方の研究は必要であろう。

　第二の課題は、学習者に対する教師の支援の在り方の問題である。西尾・猪井（2012）は、Dictogloss をタスクとして行ったグループ活動中の教師の生徒に対する関わりに注目し、リキャストとメタ言語フィードバックの効果の違いを調査している。そして、全体的な傾向としては、メタ言語フィードバックの方が有効であることを実証している。しかしながら、学力群別に見ていくと、リキャストは、正しい言語形式をインプットできるため、言語知識は身に付けているが、その知識を活用する力が十分に身に付いていないと考えられる学力の中位群に対しては、効果的であることも指摘している。また、Dictogloss を行う際の教師のリキャスト、メタ言語フィードバックに関して、松井（2012:91）は、「教師による『言い直し』『修正』『訂正』などの

フィードバックによる支援を成功させるためには、教師の側で『不適切な、不正確な、誤った表現形式』を実例として認識していなければならない」と述べ、さらに、「どのような『好ましくない形式』を、どのような『好ましい形式』へと変換するのか、教師がフィードバックを与えようというときには、少なくとも教師側に『レファレンス』としての英文法が必要になる」ことを指摘している。学習者の実態に合った教師の支援の在り方は、今後さらに考えなければならないであろう。

　第三の研究課題は、Dictogloss が「文法能力」以外にどのような技能に影響を与えるのかを見極めることである。提唱者の Wajnryb（1987b）は、Dictogloss はリスニング技能を身に付けさせたりメモを取る技能を教えたりすることを主な目的とはしていないことを主張している。しかしながら、「産出的な文法能力」の育成のみならず、その副産物として「リスニング技能」、「書く技能」が高まることは推測できる。指導目標に合った指導方法の研究は、今後の課題の 1 つである。

　今回の調査には、大きな問題点がある。それは、1 人の教師の実践結果を比較した調査ではない点である。文法能力に影響を与えた要因が Dictogloss だけなく、他に多くあったのではないかと推測される。しかしながら、教育現場でできる調査としては、このあたりが限界であるように思う。

第 4 部のまとめ

　第 4 部では、Dictogloss（ディクトグロス）という「聞くこと」、「書くこと」の技能を連携した活動について考察した。この活動は、技能連携のみならず、ペアやグループを使って行うので、協同学習の理念も入っており、生徒の文法能力の向上のみならず、人間関係づくりにもよい影響を与えるという報告が多くされている。

　第 4 部で考察した調査は、中学校 1 年生がディクトグロスを行っているときの活動の様子と中学校 2 年生がディクトグロスを実施した場合、文法能力にどのような影響が現れたかについてである。中学 1 年生がディクトグロスを実施しているときの記録の分析からは、個人で聞き取り活動を行っている場面では、意味内容に注意が向き、個人で英文を書く段階では、意味内容と言語形式の両方に注意が向いていることがわかった。そしてグループで活動している場面でも意味内容と言語形式の両方に注意が向いていることがわ

かった。

　中学校 2 年生の調査結果からは、継続的、定期的にディクトグロスを実施することは、文法能力の伸長に効果があり、活動で焦点化した文法項目の定着率が向上することがわかった。

第 **5** 部

中学校 1 年生に
対する授業

Abstract

　中学校へ入学してくる1年生の英語学習に対するレディネスは、ここ数年大きく変化した。小学校の第5学年、第6学年で教科として英語の授業が始まったことは、中学校の英語授業の運営方法に大きな変化をもたらした。英語で指示を出しても大抵のことは理解し、ALTの授業にも慣れている。また、英語を聞いて多少わからない部分があっても耐える力をもっており、最後まで聞き取ろうとする姿が見られる。4技能の学習を小学校で行った中学校1年生の生徒の現れに直面して、中学校の英語の教師は、中学校1年生に対する授業に迷いと不安をもっている。「聞くこと」、「話すこと」の活動に加えて、「書くこと」、「読むこと」の授業内容も今までとは変えていかなければならないと感じているのである。

　その不安と迷いを解消するため、第5部では、小学校の学習指導要領に示された、新たに始まった「書くこと」、「読むこと」、そして文法指導の内容を読み解き、また小学校の授業実践に関するいくつかの先行研究から読み取れる児童が身に付けたものをまとめ、小学校の英語授業と児童の実態を理解することを試みた。そして、中学校の授業を1年間受けた中学校1年生の生徒たちは、授業で行った主な活動についてどのように感じたかを知るためにアンケート調査を行い、併せて、学習した主な文法項目の文法能力テストを実施した。その結果分析に基づいて、中学校1年生の実態と今後のより良い授業の運営方法を検討した。

1. はじめに

　小学校では、2020年より小学校第3学年と第4学年で外国語活動が、第5学年と第6学年で外国語科の授業が始まった。小学校で英語の学習を4年間している生徒を受け入れる中学校では、小学校で学んだことを活かして中学校の授業をしたいと考えている。そのためには、小学校の授業の実態を詳しく理解する必要がある。そこで、小学校の英語科の授業で生徒が身に付けたものは何かを小学校の学習指導要領の内容や先行研究を基に整理したい。そして、生徒が小学校で身に付けたものを活かして中学校の授業に意欲的に取り組めるよう中学校の英語指導の留意点を考えたい。

2. 学習指導要領に示された小学校外国語科の指導

　小学校で英語の授業が始まってから、中学校へ入ってくる生徒の実態を変えた主な要因は、小学校で新たに加わった、「読むこと」、「書くこと」の指導、そして文法指導であろう。しかし、小学校の外国語科の目標、指導内容は、中学校の学習内容の前倒しではないので、中学校の教師は小学校の指導の実態を十分に理解しにくい。中学校の教師は、小学生が触れている表現は、中学校で学習するどの部分に関連しているのか、またどのような知識、技能を身に付けているのかを正しく理解し、中学校の授業に繋げたいと考えている。

2.1 「読むこと」、「書くこと」の指導

　小学校で身に付ける技能、知識について、学習指導要領の小学校外国語に示された目標、内容等から読み取れることとして、「読むこと」に関しては、活字体で書かれた文字を見て、発音することができる能力、身近で簡単な事柄の内容が示された掲示やパンフレットなどから自分が必要とする部分を読み取る能力、そして対話活動で十分に慣れ親しんだ語や表現を絵本などの文章の中から識別する能力である。したがって、中学校で行っている、ある程度まとまった分量の文章の概要や要点をとらえる指導は行っていないことになる。中学校1年生の「読むこと」の指導では、概要、要点を把握する指導に特に注意が必要であろう。

　「書くこと」に関しては、大文字、小文字を活字体で書く能力、対話活動

などで十分に慣れ親しんだ簡単な単語や表現を書き写す能力、そして音声で十分に慣れ親しんだ表現を例文にして、それらの例文を参考にしながら自分のことや身近で簡単なことを書く能力である。小学校では、書き写すことが基本であり、中学校で行っている自分に関すること、身の回りのことを書くことによって表現することはほとんど行っていないことになる。「書くこと」による自己表現活動では、段階を追った指導が必要であろう。

2.2　文法指導

　学習指導要領の小学校外国語の中の「2　内容」に示された、語、連語及び慣用表現、文及び文構造についての指導事項は、中学校で学習する内容と重なる部分が多い。文の基本である単文、肯定文、否定文、命令文、助動詞の can、動名詞、Wh- 疑問文の一部に触れている。文構造では、SV、SVC、SVO の構文に触れている。しかしながら、文構造については、中学校で行う文法指導のように名詞、動詞といった文法用語を使った明示的な文法説明はほとんど行っておらず、対話活動など、意味あるコミュニケーション活動の中でそれらを使った構文に何度も触れ、日本語との語順の違いを意識させる指導に焦点が当てられている。

　語に関しては、小学校第 3 学年、及び第 4 学年で行われた外国語活動で使用した語も含めて 600〜700 語程度を使用するとしている。小学校での活動内容を考えると、ほとんどの語が聴覚語彙と視覚語彙の段階にとどまり、繰り返し対話活動で使った語が口頭語彙、その中の一部が作文語彙として身に付いていると推測される。

2.3　先行研究から読み取れる小学生が身に付けたもの

　小学校の学習指導要領に示された目標や内容から、小学校で身に付ける英語の技能や知識が読み取れる。しかしながら、中学校でも同様であるが、目標と実態とは異なる部分が多い。実際には児童の実態はどのようになっているのか先行研究より把握したい。

　中学校の英語教師が最も知りたいことは、新たに指導が始まった「読むこと」、「書くこと」の技能に関すること、そして、「文法能力」についてである。「聞くこと」、「話すこと」の実態は、小学校第 5 学年、第 6 学年で外国語活動の授業を受けた生徒を今まで受け入れてきたことからある程度推測できる。生徒は、小学校第 3 学年、第 4 学年で身に付けたコミュニケーション

の素地の上に第5学年、第6学年で「聞くこと」、「話すこと」の指導を受けているので、今まで以上に「聞くこと」、「話すこと」の活動には慣れていると考えられる。

　「読むこと」、「書くこと」の指導については、課題が指摘される事例が多い。畑江（2020）は、授業観察より、「読むこと」と「書くこと」の技能の乖離が起きていることを指摘している。その原因として、「中学年で音声を中心に指導し、高学年になって文字を音声化する読む指導を十分せずに書き写させることにある」としている。そして、「自分で読めない語句や表現を書かせるのは、単に記号を書き写させているにすぎない」ことを指摘している。また、文字を見て正しい音声に変換する経路が確立されていないことから起こる表われとして、畑江（2015）は、「結局生徒は唯一知るアルファベットの解決方法として、ローマ字読みを当てはめ、カタカナ英語に変換して読もうとし始め、発音は当然悪くなり正確で流暢な読みはできず、意味を伴う読み方にも至らない」ことを指摘している。

　文法指導についての先行研究では、小学生の英語構文に関する知識を調査した、江口・犬塚（2021）がある。小学校第5学年の児童について、「意味あるコミュニケーションの中で、繰り返し聞いたり話したりする体験を通して語順の規則性などに意識を向けさせるという指導は、動詞、名詞といった用語を使わずに自分が知っている用例を示しながら工夫して規則性を説明しようとする記述が見られた」ことを報告している。また、小学校第6学年の児童に対して語順への気づきの授業実践を行い、語順テストを実施してその結果を分析した、畑江・米田（2018）は、「英語と言語学的距離の遠い日本語を母語にもつ日本人小学生の初期文法指導は、意味ある文脈の中で、コミュニケーション活動と効果的に関連付けながら、英語と日本語との文構造の違いを理解させることから始めるべきである」ことを指摘している。

　小学校では、文法用語を使った明示的な文法説明はほとんどしておらず、意味あるコミュニケーション活動を行う中で、日本語との語順の違いを意識する段階まで学習していることになる。中学校への接続の観点から、今後の課題、中学校1年生の授業の留意点として、栖原（2021）は、決まった場面での決まったフレーズというのは定着しているが、その文構造を使って新しいことを言おうとすると戸惑う場面が見られることを指摘している。

　語彙指導に関して、赤坂（2021）は、小学校5年生に対して、What sport do you like? の what の意味をクラスで質問したところ、多くの児童

が「あなた」と答えたと述べている。そして、小学校5、6年生の140時間の授業で、文字の音声化力と基本的な語彙力の育成が必要であり、そのことが中学校への円滑な接続を保証することになることを指摘している。

　先行研究から中学校に入学してくる1年生に対する授業では、単語の学習を充実させること、音読練習を十分行うこと、「書くこと」の学習では、基本文を応用して自分のことや身の回りのことを表現する練習を段階を追って十分に行うことが必要であるように思える。

3.　中学校1年生の実態調査

　1年間の中学校の英語授業を終えた中学校1年生に対して、中学校の授業をどのように感じたか調査した。調査は、授業中に行った主な活動に対してどのように感じたかの意識調査と、学習した主な文法項目がどの程度定着したかの文法能力調査の2種類である。調査は、N市の4校の中学校1年生（各校1クラス、合計117人）にお願いした。実施時期は、年度末の3月中旬である。

3.1　意識調査

　授業中の主な活動について、アンケート調査を実施した。質問事項は、以下の7項目である。
　① 単語を覚えることは好きである。
　② 自分のことや友達のことを英語で書くことは好きである。
　③ 教科書を読む活動は好きである。
　④ 友達と対話活動をすることは好きである。
　⑤ リスニング活動は好きである。
　⑥ 文の造り（仕組み）の学習は好きである。
　⑦ グループ（小集団）で行う活動は好きである。

　回答は、「5. とてもそう思う　4. そう思う　3. どちらともいえない　2. あまり思わない　1. まったく思わない」の5件法で求めた。5段階の各人数と平均値及び分散の結果は、以下の表1に示した。
　「対話活動」、「リスニング練習」に積極的に取り組み、「文法学習」、「単語を覚えること」に苦手意識をもっている実態がうかがわれる。

表1. 活動についての意識調査

($n = 117$)

No.	質問	5	4	3	2	1	合計	平均	分散
①	単語を覚えること	10	25	38	20	24	117 人	2.80	1.52
②	自分や友達のことを書くこと	12	29	39	16	21	117 人	2.96	1.52
③	教科書を読む活動	13	32	34	23	15	117 人	3.04	1.43
④	対話活動	24	39	28	13	13	117 人	3.41	1.55
⑤	リスニング練習	20	36	32	20	9	117 人	3.32	1.37
⑥	文法学習	13	18	37	27	11	117 人	2.76	1.54
⑦	グループ学習	35	32	25	11	14	117 人	3.53	1.76

　自由記述式で、現在英語学習で困っていることを記入するよう求めた。その回答で多かったものは、次のような内容であった。

・単語を覚えることができない。
・単語や文は読むことができるが書けない。
・疑問文、否定文などの作り方。
・何もヒントがないところから指定された文を書くことが苦手。
・文法を覚えて一から文を作ることができない。

3.2　文法能力調査

　1年生で学習した文法項目のうち、現在形、現在進行形、過去形、動名詞、Wh- 疑問文の使い方がどの程度理解できているのか調査した。調査問題は、3つの選択肢の中から正しいものを選ぶ形式である。問題とその正答率は、以下の表2に示す通りとなった。

　動詞、動名詞の使い方の理解、代名詞の理解が弱い実態がうかがわれる。

表2. 文法能力調査

No.	問題	正答率
1	(Do Are What) you a soccer fan?	77.8
2	(Do Does Is) Ken like music?	67.5
3	(I'm not I don't I can't) a junior high school student.	54.7
4	Taro (live lives living) in Shizuoka.	59.8
5	My mother (isn't don't doesn't) like swimming.	68.4

6	My father (go goes went) to Tokyo yesterday.	61.5
7	My mother is (cook cooks cooking) dinner now.	75.2
8	I (don't am not didn't) study math last Friday.	59.0
9	I like (play played playing) video games on Sundays.	38.5
10	Do you know Mr.Suzuki? Yes. We like (he him his) very much.	39.6
11	(What Where When) do you play tennis? I play tennis on Saturdays.	58.1
12	(What animal Who How many dogs) do you have? I have two.	64.1
13	(Who Where What) doyou have? I have a cat.	67.5
14	(Whose Who Which) bike is this? It's my sister's.	52.1
15	(Where Who What) do you watch on TV? I watch soccer games.	65.8

4. 考察

　5 件法による意識調査結果及び自由記述式のアンケート結果から生徒たちは、「書くこと」の技能と文法学習に苦手意識をもっていることがわかった。具体的には、「書くこと」に関しては、読めても書けない、参考文がないと書けないということに困っている生徒が多かった。

　文法能力調査の結果からは、全般的に文法事項の定着率が低いという実態が読み取れる。特に be 動詞と一般動詞の使い方の違いの理解、動名詞の使い方の理解、目的格や所有格の代名詞の使い方が定着していない実態が読み取れる。また、教科書で扱われている対話活動の文、つまり授業中にある程度練習した文の問題の正答率は高かったが、そうではない、文法知識を活用して答えを出す文の問題にはうまく答えられなかった。つまり、小学校で培った事例基盤知識に比べ、中学校で学習した規則基盤知識の定着が不十分であった。

5. まとめと今後の課題

　1 年間中学校の授業を受けた中学校 1 年生の実態調査を行った。その結果、「書くこと」の技能と文法学習に対して苦手意識をもっていることがわかった。小学校で学習しなかった技能に苦手意識をもっていた。文法問題についての調査結果からは、文法規則の理解や定着に困難を感じている実態がうかがわれた。江口（2022）は、小学生の英語の文構造に関する知識やそのメタ言語知識の発達の実態を調査し、個人差が大きいことを指摘している。

中学校に入学する時点で、生徒のもつレディネスに差があることを考慮しなければならない。また、野村・竹本・笹岡・中越（2021）が指摘するように、授業において明示的な文法指導や反復練習を取り入れる比率を高める必要性を感じる。習得・活用・探求の学習過程の中で、習得の段階を疎かにすると活用の力は付かないのであろう。新しい文法項目の学習は、小学校で学習した時と類似した場面設定で練習し、文構造や文の操作の仕方を明示的に十分に学習し、その後、タスク活動やプロジェクト型の言語活動を通して定着を図りたい。

第 **6** 部

教科書を活用した
リスニング指導

Abstract

　小学校で英語の授業が開始されたことにより、中学校に入学してくる生徒の英語学習に対するレディネスは大きく変化した。「聞くこと」、「話すこと」を中心とした4年間の小学校の授業の積み重ねは以前の生徒とは異なり、それに応じた対応を迫られることになった。特に「聞くこと」の技能は以前と比べてかなり伸びている。中学校では、小学校で培ったこの能力を十分に活かして接続していきたい。

　リスニング指導の変遷を学習指導要領から読み取っていくと、4技能の中で指導観が最も変化した技能であるように思われる。学習指導要領の中で、リスニング指導の重要性が認識され始めたのは、平成元年3月に公示された学習指導要領からである。それ以前の学習指導要領では、3領域4技能という考え方で構成されていた。「聞くこと」、「話すこと」が1つの領域にまとめられていたのである。つまり、「話すこと」ができれば「聞くこと」はできるであろうという考え方である。「聞くこと」の技能は、「話すこと」の下位技能のように扱われていた。平成元年度の学習指導要領からは、4領域4技能に変わった。「聞くこと」の技能は、聞くこと独自の練習も必要であることが認められたのである。その背景には、第二言語習得研究の成果から、「聞くこと」の重要性が認識されてきた事実があろう。平成10年12月に告示された中学校学習指導要領では、「聞くことや話すことの実践的コミュニケーション能力の基礎を養う」ことが英語科の目標に掲げられた。それ以後、授業の中のリスニング指導は充実してきた。しかしながら、その指導方法はしっかりと確立されているようには思えない。4技能の中で、一番指導しやすい技能に見えるが、実際にはそうではないのである。リスニングの場面を教師の観点から見ると、「話すこと」、「書くこと」とは違って、生徒がある発話をどの程度聞き取れたのかは生徒の解答でわかるが、聞いている過程が見えないので、正しく聞き取れない場合は、何が原因で聞き取れないのかはわからないのである。

　授業中によく行われるリスニング活動を考えると、教師が教科書本文の内容を生徒に聞かせ、あらかじめ配布したプリントに書かれている質問に答えさせる場面が多くある。その際、教師は、聞かせて答えさせる質問をどのように考えたのであろうか。この質問がリスニングポイントであるが、リスニングポイントの設定は、教師がしなければならない重要な作業である。

　第6部では、第1章でリスニング指導の現状と問題点を考察し、第2章、第3章、第4章では、教科書を使ったリスニング指導をする際に必要な、リスニングポイントの設定を考える基礎資料を得るために3つの調査を行った結果を報告する。そして、第5章では、リスニング指導をテストではなく、指導にするためにグループ活動を取り入れたリスニング活動を考える。つまり、生徒が自分のリスニングの過程を認識できるようにするための活動である。

第 1 章

リスニング指導の現状と問題点

1. リスニング指導の現状

　中学校のリスニング指導の現状について考えたい。教育機器の充実で近年指導がしやすい状況になってきた。しかしながら、その実施にあたっては多くの困難点にぶつかる。

　中学校の教育現場でリスニング指導を困難にしている要因として、次のようなものが考えられる。

① 教科書に準拠したリスニング教材はあるが、単元のまとめのテストとして作成されているものが多い。

② 教科書以外のコンテクストを使ったリスニング教材はあるが、ほとんどがテスト形式として作られている。

　また、教材以外の観点からの困難点としては次のことが考えられる。

③ 授業中に十分な時間を使ってリスニング指導を行うのは、単元のまとめの時間くらいで、日常的に設定することは難しい。

　最もリスニング指導を困難にしてきた要因は、指導法に関する事柄である。よく耳にする言葉だが、リスニング指導は、「教えているのではなくテストをしているにすぎない」という批判が長い間なされてきた（e.g., Brown, 1986；Susan, 1987）。教室で教師は音声を聞かせ、生徒はあらかじめ提示された質問に答え、その後、その解答が正しいか正しくないかを確認するだけでリスニング練習が終わっている場合が多いことに対する批判である。

　この指導法に関する問題点を改善するために教育現場では、様々な工夫がされてきた。Pre-listening 活動を充実させること、Post-listening 活動でリスニング技能を構成するサブスキルを鍛えるための練習を充実させることなどである（e.g., 伊東，1993；柳井，1996）。しかしながら、While-listening

活動自体に指導の手を入れることは難しく工夫が必要である。

　以上のように、中学校でのリスニング指導を難しくしている要因は、「指導法に関すること」が多いが、「教材に関すること」、そして「時間的な制約」というように他にもあることは確かである。したがって、中学校のリスニング指導を改善していくためには、リスニング指導を「テスト」ではなく「指導」にしていく工夫と同時に年間を通して継続的に「ある程度まとまった分量の英文」を聞かせて行うリスニング練習を実施することができるような環境をつくることが必要である。

　そこで、これらのリスニング指導における問題点を解消していく手段の1つとして、授業で日常的に使用している教科書をリスニング指導に活用することを考えた。

2. 教科書をリスニング教材として使うことの問題点と利点

　教科書本文をリスニング練習に使うことに対しては、問題点と利点の両面が指摘されている。その問題点、利点を整理し、リスニング指導を考えたい。

問題点

① 自然な英語には50％もの冗長度があるといわれているが、教科書の英語はそれが著しく低い。このことは、一語一語に付加される情報量が多くなり、未知語や難解な語が一語あっても推測がしにくく、全文の理解が困難になる。（青木，1989:134）

② 自然な発話に含まれる一定量の有音ポーズ、フィラー、リペアは、自然な発話をより理解可能にすることがある。（柳川，2004:17）しかし、教科書ではそれらが少ない。

③ 付属音声を使ってのリスニング指導は、学習者に新情報を提供せず、授業のまとめや前時の復習として用いる場合はもちろん、新教材の導入として使う場合であっても予習している場合は、学習者は聞く内容を知っており、新情報を得ることがないため、リスニングに対する興味を失わせる。（大内・望月，1991）

利点

① 外国語の学習では、実際の場面、状況に近いコンテクストで学習する
　ことが大切である（符号化特殊性原理）が、人間の情報処理能力には
　限界がある（限界容量説）ため一時にあまり多くの情報は処理できな
　いということを無視できない。リスニング指導の初期段階では、「符号
　化特殊性原理」と「限界容量説」が示す方向がまったく逆になる場合
　があるので、長すぎる発話、速すぎる発話、くずれの大きすぎる発話
　などは指導場面では慎重に考えるべきである。（竹蓋，1997）

　多くの問題点が指摘されているが、教科書をリスニング指導に使うこと に
よって、リスニング能力を伸ばす可能性もあるように思われる。指摘されて
きた問題点の主なものは、自然の発話に含まれているポーズ、フィラー、リ
ペアが少ないこと、つまり英文に冗長性が少ないことが挙げられる。英語学
習の入門期にあたる中学生に対する利点として、「発話速度が適切である」、
「発話にくずれが少ない（ない）」、「発話の長さが適切である」ことが挙げら
れる。また、教科書本文は授業で必ず扱うのでリスニング指導の時間を増や
すことができる。つまり、授業で教科書本文を扱う際にリスニング練習の場
を設定すれば、年間を通して継続的にリスニング指導ができることになる。
　リスニング活動の位置づけとしては、教科書本文の内容理解をする際にリ
スニングにより導入し、その後リーディング活動に移る形態にする。また、
ある単元全体の復習の際にリスニング活動を取り入れることも考えられる。

3.　リスニング指導に必要な要素

　教科書本文のような、「ある程度の長さの英文を聞いて、その概要や要点
を聞き取る練習」を、「テスト」ではなく「指導」にしていくためには、ど
のようなことが必要であろうか。音声を聞かせ、質問に答えさせ、答え合わ
せをして終わりにしてしまうと、誤答でもなぜ間違えたのかわからないまま
で終わってしまう生徒が多く出てしまう。このような状態を改善していく具
体的な方法を考えたい。リスニング指導に必要な要素について、先行研究で
は、以下のような点を指摘している。

⑴ 材料としての教材の理解を確実にし、また理解に至る過程を学習者に

経験させることが必要である。(柳，1995:55)
⑵ リスニング指導の中での教師の役割として、生徒の理解度を正答の数で判断して終わるのではなく、間違った答えをよく見て、どこから間違いが生じているのかを見つけ、それを正す。また、正答であったとしても、その答えはテキストのすべての語を正しく聞き取って出したものなのか、あるいは、一部を聞き取り、あとは正しく推測して出したものなのかをはっきりと生徒に認識させる必要がある。(Field, 1998)

　これらの指摘は、自分のリスニングの過程を自己認識し、自分の理解度を客観的に振り返る活動が、リスニング指導には必要だということを示唆している。つまり、リスニングの結果のみならず、そのプロセスにもっと注意を払うべきであるということである。教室で行うリスニング指導に、いわゆるメタ認知能力を高める活動を取り入れる必要があることを指摘している。その手段としてグループ活動をリスニング活動に取り入れたい。

4. Pre-listening 活動

　3段階の過程を設定して行うリスニング指導において、不十分になりがちな段階が、Pre-listening 段階であろう。つまり、リスニング指導を、テストではなく、リスニング能力を高めるための訓練とするためには、Pre-listening 活動を工夫することでかなり改善できると思われる。
　Pre-listening 活動の役割を大別すると、これから聞く発話内容について、予想を立てやすくしたり、実際のリスニング場面に近い状況を設定し、よりよい理解が得られるようにしたりするために、⑴学習者が既にもっている背景知識を活性化させる、⑵適切な背景知識をもっていない場合には補う、⑶何のために聞くのか、どのような情報を求めて聞くのかという、聞くことの目的をはっきりさせる、⑷聞くことに興味をもたせ意欲的に聞き取り活動をさせる、というようにまとめることができる。
　Pre-listening 活動で、生徒が既にもっている背景的知識を活性化させるために、また背景的知識が不足している場合に補足するために、「タイトルを示す」、「絵や写真などを示す」、「絵や写真を示しながらオーラルイントロダクションを行う」、「本文に出てくる新出語彙の意味を確認する」、「トピッ

クについてディスカッションを行う」、「関連した記事を読む」というような
活動が考えられる。これらの活動によって教科書本文に冗長性が少ないとい
う短所を補うこともできる。また、リスニングの目的をはっきりさせるため
に、「注意して聞き取るべきリスニングポイントを事前に質問として示す」
ことなどが行われている。この質問文は、リスニングの目的をはっきりさせ
ることと同時に質問文自体が事前情報となり、生徒がもつ背景知識を活性化
するという役割も果たす。そしてこれらの活動を生徒の英語力を考慮しなが
ら、単独であるいは組み合わせて行うことになる。

　Pre-listening活動についての先行研究は、事前情報として「注意して聞
き取るべきところ（リスニングポイント）を質問の形で提示する」という活
動については、学力の下位群の生徒に対しての方が、上位群の生徒に対して
より、聴取力向上に効果的であるということを示している（岩本，1994）。
「トピックについてディスカッションを行う」、「関連した記事を読む」とい
う活動についても、学力の上位群の生徒に対してより下位群の生徒に対して
の方が聴取力向上に効果的に作用するという報告がある（岩本，1990；平
敷，1995）。先行研究の多くが、Pre-listening活動は聴取力向上に効果的に
作用することを明らかにしており、学力の下位群の生徒に対して特に有効で
あるということを示している。

　では、教科書本文を使ったリスニング活動にはどのような研究課題がある
のであろうか。研究課題として次のような点が考えられる。
　研究課題1　リスニングポイントはどのように設定すればよいのか
　研究課題2　グループ活動の役割は何か、聞き取り活動にどのような効果
　　　　　　があるのか

　これらの2つの研究課題について、先行研究や調査を通して考えていきた
い。

5.　リスニングポイントの設定

　教科書本文を聞かせて行うリスニング練習では、生徒が聞いて答える課題
（問題）を教師が作ることになるのであるが、実際に教師はどのようにリス
ニングポイントを設定しているのであろうか。どのような観点でリスニング
ポイントを設定するのか、つまり質問文を作るのかということを、教師は日

常的に行っているにも関わらず、あまり注意が向けられていないように感じる。リスニングポイント設定の原理についてリスニング指導を充実させるために考えたい。

　リスニングポイントの設定及び提示に関しての先行研究は、次のようなことを挙げている。

(ア) 5W1H の観点から、「何のことについての話か」、「誰が主な登場人物か」、「なぜそうなったのか」、「どのような経過か」、などを検討し、生徒にどこまで要求するか検討し、そしてこれらの項目をどう結びつけていけば効果的な概要、要点となるかを徐々にわからせることが必要。(浅野，1981)

(イ) 「内容の個々の特徴を平面的にとらえる段階」、「多くの項目が聞き取れる段階」、「それらの項目間の関係、概念を把握できる段階」というよう発達していく。(吉田，1987)

(ウ) 物語の発端から終末にいたる理解過程として、最初は中心的な出来事の予期、個々の事実の統合が主に行われ、中期以降では統合、修正が中心となり、後期では修正が主な活動となる。(山本，1994)

(エ) 設問において、その発話の中の登場人物がしたことにあたる動詞を与える場合と与えない場合では、与えた方は理解度が上昇していることが明らかになった。「動詞スキーマ」というようなものが想定できる。(木下，1990:144)

　これらの先行研究を参考にリスニングポイントを設定していきたい。リスニングポイントの設定にあたり、生徒がリスニング活動を行う際、リスニングポイントを操作すると生徒のリスニング活動にどのような影響が表れるのか調査したい。その際、注目したことは、

　　①：リスニングポイントをいくつ与えるかという、リスニングポイントの「数」について

　　②：どのような順番でリスニングポイントを提示するかという「提示順序」について

　　③：リスニングポイントによって生徒の視点をどこに向けさせるかという「視点」について

という3つの観点である。

第2章

リスニングポイントの数に関する調査

1. はじめに

　数個以上の文からなる英語の文章を聞き、その概要を把握する能力を伸ばす効果的な指導方法を考えたい。一般的に教師は授業でリスニングによる概要把握指導を行う際、Pre-listening 段階を設け、その中でリスニングポイントを生徒に提示する。生徒は、そのリスニングポイントを確認することを通し、リスニングの目的をはっきりさせたり、これから聞く内容を予測したりすることができる。

　このことを教師側から考えると、意図的にリスニングポイントを操作することにより、段階を追った計画的なリスニング指導が可能になると思われる。

　本調査では、Pre-listening 活動の中で課題として生徒に示すリスニングポイントは、どのように設定し、また、それらをどのように提示していけば効果的なリスニング指導ができるかという、リスニングポイントの設定基準及び提示方法について考察したい。

2. リスニングポイントの設定

　母語である発話を聞いて、その概要を把握する場合は、我々は注意を集中すべき部分（リスニングポイント）を無意識的に選別し、それらを総合的に概要として把握している。つまり、概要把握という情報処理の過程が比較的スムーズに機能している。しかし、外国語の場合は全く事情が違ってくる。発話のすべての部分に力を入れて聞いてしまい、その結果、短期記憶に負担をかけ過ぎ、発話の概要が把握しにくい状態に陥ってしまうのである。したがって、リスニングによる概要把握指導の場面においては、母語において無

意識的に行っている情報の選択とその総合化という情報処理活動を、英語の聞き取りにおいてもスムーズにできるようにさせるため、意識的に訓練させ、その情報能力を高めることが目標となろう。

　実際の指導場面では、Pre-listening 活動の中で注意を集中して聞き取る部分をリスニングポイントとして生徒に提示し、その後発話を聞かせながらその課題に取り組ませることになる。ここで問題になる点は、リスニングポイントをどのように設定し操作していけば、段階を追った、計画的な指導が可能となるかということである。概要を把握するために必要なすべてのリスニングポイント（本来は生徒が自分で発話の中から選択するもの）を常に生徒に提示していたならば、いつまでたっても生徒は自分の力で概要を把握できるようにならないであろう。

　このリスニングポイント設定基準及び提示基準に関して、第1章でも触れたように、浅野（1981）は、5W1H の観点から、What（何のことについてか）、Who（誰が主な登場人物か）、Why（なぜそうなったのか）、How（どのような経過か）、などを検討し、生徒にどこまで要求するかを考えることが必要であり、これらの項目をどう結び付けていけば効果的な概要、要点になるかを徐々にわからせることが必要であると述べ、さらに、これらの項目をすべて答えさせるのではなく、何がより重要な項目であるかを判断することを教えることが必要だと主張している。また、吉田（1987）は、生徒の概要把握の実態として、「内容の個々の特徴を平面的にとらえる段階」、「多くの項目を聞き取る段階」、「それらの項目間の関係、概念を把握する段階」というように、階層をなす理解のための枠が存在することを生徒が取ったメモを用いて明らかにしている。そして、発話内容の上位概念、下位概念という考え方を取り入れて概要把握の過程を説明し、指導では、発話の上位概念、下位概念の構造を知り、何が重要で何が重要でないかを聞き分け、重要でない項目を切り捨てることを指導すべきだと主張している。

　そこで、授業で用いる教材（教科書）で、意図的にリスニングポイントの数を操作することで、概要把握の程度に影響が生じるのか調査したい。

3.　調査

3.1　調査の目的

　Pre-listening 段階で生徒に提示するリスニングポイント（質問文）の数

の違いで聞き取り活動にどのような影響があるのか調査する。

3.2　調査仮説

　概要把握のためのリスニングポイント設定においては、発話内容の流れに
したがって初めの部分から順序よく設定して質問していった方が、いきなり
中心的事項に注意を向けさせて質問するより中心的事項を理解させやすい。

3.3　参加者

　調査の参加者は、中学校で同じ教師に指導を受けている中学校 3 年生の生
徒である。4 回のリスニングテストを含む実力テスト結果を基に、42 人で構
成した等質の 2 集団を設定した。そして一方を実験群、他方を統制群とした。

3.4　手順

　実験群、統制群とも Pre-listening 段階で、「これから聞く英文は、モー
ツァルトが子どもの頃の出来事である」ことを伝え、リスニングポイント
（質問文）を黙読させた。その後、英文を 2 回聞かせ質問に答えさせた。

3.5　材料文と質問文（リスニングポイント）

　調査に使用した聞き取り用の材料文は、生徒が使用している教科書とは異
なる出版社の 2 年生用の教科書の中から選定した（表1）。音源はその教科
書準拠のものを使用した。

表1.　材料文

One morning a pretty girl was playing the piano.	(a)
Her father was giving a lesson to her.	(b)
He was a famous musician in Austria.	(c)
His little son was sitting by the piano, too.	(d)
They finished the lesson.	(e)
"May I play the music, Father?" asked the boy.	(f)
He was only three years old then.	(g)
"Oh, no.	(h)
You are too young.	(i)
It's too difficult for you," answered his father.	(j)
But the boy did not listen to him.	(k)
His father said at last.	(l)

"All right. Try, then." (m)

He began at once. (n)

How well he played ! (o)

His father said himself, "He may become a great musician." (p)

This boy was Wolfgang Mozart. (q)

His father gave him piano lessons after that. (r)

Mozart became a famous musician later. (s)

（中教出版　NEW EVERDAY ENGLISH 2）

表 2.　質問文（リスニングポイント）

実験群

(1) ある朝、少女にピアノのレッスンをしていたのは誰ですか。

(2) モーツァルトはその時、どこにいましたか。

(3) モーツァルトが父親にピアノを弾いてよいかたずねたとき、父親がだめだといったのはなぜですか。　(A)

(4) モーツァルトの父親は、息子は将来偉大な音楽家になるかもしれないと思ったのはなぜですか。　(B)

統制群

(1) モーツァルトが父親にピアノを弾いてよいかたずねたとき、父親がだめだといったのはなぜですか。　(A)

(2) モーツァルトの父親は、息子は将来偉大な音楽家になるかもしれないと思ったのはなぜですか。　(B)

3.6　結果

　実験群と統制群が共通して答えた質問 A、質問 B に対するそれぞれの正答率は、表 3 に示す通りとなった。また、学力群別の正答率は、表 4 に示す通りとなった。質問 B に正しく答えることができれば、概要を把握できたと判断できる。実験群の生徒が66.7%に対して統制群の生徒は42.9%であった。学力群別の正答率を比較しても、実験群の生徒の方が上位群、中位群、下位群とも正答率が高かった。

表 3.　質問 A、質問 B の正答率

	実験群 （$n=42$）	統制群 （$n=42$）
質問 A	80.9%	78.6%
質問 B	66.7% (40.7%)	42.9% (26.2%)

（　　）は正答の中で 3 文以上を総合して答えている割合

表 4.　学力群別の正答率

学力群	実験群		統制群	
	質問 A	質問 B	質問 A	質問 B
	正答率	正答率	正答率	正答率
上位群 ($n=14$)	100%	85.7%	100%	71.4%
中位群 ($n=14$)	100%	78.6%	85.7%	50.0%
下位群 ($n=14$)	42.9%	35.7%	50.0%	7.1%

3.7　考察

　この調査に用いた材料文は、『モーツァルト』という題名で、起、承、転、結がはっきりとしたまとまりのある文章である。物語は時間の流れに沿って展開され、登場人物も、モーツァルト、モーツァルトの父親、そしてモーツァルトの姉と 3 人でそれほど多くなく、比較的理解しやすい文章だと思われる。また、モーツァルトやモーツァルトの作品に関しても音楽の授業で学習しており、生徒はある程度の背景的知識を同等にもっていると考えられる。

　この文章の概要は、「姉のピアノのレッスンを近くで聞いていたわずか 3 歳のモーツァルトが、自分もその曲を弾きたいと父親に申し出て、弾かせてみたら上手に弾けた」ということで、「モーツァルトの父親が、息子は将来、偉大な音楽家になるかもしれないと思ったのはなぜですか」という質問 B に正しく答えられれば、この文章の概要が把握できたと判断できる。したがって、この聞き取り練習の目標は、この質問(B)に答えられるように英文を正しく聞き取れるようになるということになる。

　その質問(B)に正しく答えるためには、材料文、表 1 の中の(a)、(b)、(d)、(f)、(g)、(k)の個々の文の内容を聞き取り、それらを総合して理解したうえで、(o)の文、"How well he played！" が理解できなければよいことになる。表 3 に示した通り、物語の最初の部分から順を追ってリスニングポイントを設定した実験群の正答率が 66.7% に対して、いきなり中心的事柄に注意を向けられた統制群の正答率は、42.9% にしかならなかった。

　実験群は、最初の 2 つの質問で物語の初めの部分に注意が向けられ、発話の場面状況をつかむことができた。その後質問(B)に答えたことになる。一

第6部

方、統制群は場面状況をつかめないまま、いきなり質問(B)に答えなければならなかった。発話の初めの部分が理解できないと、その後の話の展開が十分に予測できないと思われる。これらのことから、何について話されるのか十分予測がつかないままに聞き取り活動を行うと、理解度が低下することがうかがわれる。また、概要を正しく把握させる支援として、発話中のいくつかのリスニングポイントについて順を追って提示すれば、それらを総合して理解する活動がスムーズにできることがうかがわれた。

　生徒が記述した解答内容を詳しく調べると、正答と判断した解答でも「ピアノを弾かせたら上手に弾けたから」というように2文を総合して答えたものと、「わずか3歳のモーツァルトが、姉さんのピアノをそばで聞いていただけなのに実際に弾かせてみたらうまく弾けた」というように3文以上を総合して答えたものがあった。3文以上を総合して答えている生徒も実験群の方が多かった。このことは、情報処理の「水準」に関わる問題である。実験群は、統制群よりも深い情報処理をしていたと思われる。小谷津（1985）は、情報処理の深さを決定する要因して、「目的に関する事柄」と「教材に関する事柄」の2つを挙げている。今回の調査に当てはめて考えると、「目的に関わる事柄」は、「質問Bに答えること」で共通である。したがって、「教材に関する事柄」が情報処理の深さを決定したと思われる。実験群の方が2つ質問文（リスニングポイント）が多く、その質問文が発話を理解する上での手掛かりとなり、より深い情報処理を可能にしたと考えられる。

　表4に示した学力群の上、中、下の質問Bに対する正答率を実験群と統制群で比較すると、実験群の下位、中位の伸び率が上位よりも高いことがわかる。このことは、発話の最初の部分から順を追ってリスニングポイントを設定し、それを提示することの効果は、学力の上位群よりも中位、下位の生徒に現れると考えられる。

4.　まとめ

　リスニングによる概要把握練習について段階を追った効果的なものにするために、課題（タスク）として生徒に提示するリスニングポイントの設定とその提示に焦点を当てて考察した。調査結果から、発話の概要を把握させるためには、発話の最初の部分から順序よくリスニングポイントを設定し、注意を向けさせた方が、いきなり中心的事柄に注意を向けさせるよりも効果的

であることがうかがわれた。情報処理の深さに関してもよい影響を与えていた。発話の最初の部分を理解できれば、場面状況がはっきりし、その後の発話の展開も予測しやすくなると考えられる。

　リスニングポイントを設定してリスニング練習を行う目的は、「本来は無意識にリスニングポイントを絞りながら行う情報処理過程を、指導場面では意図的にリスニングポイントを操作して聞き取り練習をさせ、情報処理能力を高める」ということにある。したがって、練習の最終段階は、リスニングポイントは与えず、メモを取りながら発話を聞き、概要、要点をまとめる課題（タスク）ができるようになることであろう。

第3章

リスニングポイントの提示順序に関する調査

1. はじめに

　本研究では、「Pre-listening 活動の中で課題として生徒に示すリスニングポイントは、どのように設定し、また提示していけば効果的なリスニングによる概要把握指導ができるか」というリスニングポイントの設定基準及び提示方法について考察する。

　第2章では、発話の概要を正しく把握させるためには、発話中のリスニングポイントを発話の流れにしたがって順を追って提示していけば、それらを総合して概要を正しく把握する活動がスムーズにできるという調査結果を示した。この調査（第2章）は、課題として生徒に示すリスニングポイントの数（事前情報量の違い）について考察したもので、発話の流れにしたがって順序よくリスニングポイントを提示することを前提としていた。したがって、リスニングポイントを発話の流れにしたがわず、提示順序を変えて生徒に示した場合は概要把握にどのような影響が現れるのかは明らかにされていない。そこで、この第3章では、リスニングポイントの提示順序の違いで概要把握にどのような影響が現れるのかを調査したい。

2. 調査

2.1　調査の目的

　リスニングポイントの提示順序の違いにより、発話の中心的事柄（概要）の理解にどのような影響が現れるかを調査する。

2.2　調査仮説

　概要把握のためのリスニングポイント（質問文）の提示順序は、発話の流

れにしたがって発話の初めの部分から順序よく提示した方が、発話の流れに
前後して提示するよりも中心的事柄を理解させやすい。

2.3　参加者

　調査の参加者は、中学校で同じ教師に指導を受けている 3 年生である。
Pre-test（リスニングテストを含む 5 回のテスト）結果を基に 24 人で構成
した等質の 3 集団を設定し A グループ、B グループ、そして C グループと
した。

2.4　手順

　A グループに対しては、発話の流れにしたがって順序よく 4 つのリスニ
ングポイントを設定し、質問用紙に問 1→問 2→問 3→問 4 の順に提示し、
それらの質問に答えさせた。B グループに対しては、問 4→問 3→問 2→問 1
の順に提示し、それらに答えさせた。そして C グループに対しては、問 3→
問 4→問 1→問 2 の順に質問用紙に提示し、それらに答えさせた。

2.5　材料文と質問文

　調査に使用した材料文は、生徒が使用している教科書とは異なる出版社の
2 年生用（表 1）を使用した。音源は教科書準拠のものを使用した。

表 1.　材料文

One morning a pretty girl was playing the piano.	(a)
Her father was giving a lesson to her.	(b)
He was a famous musician in Austria.	(c)
His little son was sitting by the piano, too.	(d)
They finished the lesson.	(e)
"May I play the music, Father?" asked the boy.	(f)
He was only three years old then.	(g)
"Oh, no.	(h)
You are too young.	(i)
It's too difficult for you," answered his father.	(j)
But the boy did not listen to him.	(k)
His father said at last.	(l)
"All right. Try, then."	(m)
He began at once.	(n)
How well he played !	(o)

His father said himself, "He may become a great musician."　(p)
This boy was Wolfgang Mozart.　(q)
His father gave him piano lessons after that.　(r)
Mozart became a famous musician later.　(s)
（中教出版　NEW EVERDAY ENGLISH 2）

表2．質問文（リスニングポイント）

問1　ある朝、少女にピアノのレッスンをしていたのは誰ですか。
問2　モーツァルトはその時、どこにいましたか。
問3　モーツァルトが父親にピアノを弾いてよいかたずねたとき、父親がだめだといったのはなぜですか。
問4　モーツァルトの父親は、息子は将来偉大な音楽家になるかもしれないと思ったのはなぜですか。

2.6　結果

　各グループの各問いに対する正答率は、以下の表3に示す通りとなった。
　問4に正しく答えることができれば、概要を把握できたと判断できる。発話の流れにしたがって問を提示したAグループの正答率が最も高かった。

表3．各問に対する正答人数及び正答率

グループ（n＝24）	問1 人数	%	問2 人数	%	問3 人数	%	問4 人数	%
A 1234で提示	23	95.8%	11	45.8%	16	66.7%	14	58.3%
B 4321で提示	17	70.8%	4	16.7%	16	66.7%	10	41.7%
C 3412で提示	18	75.0%	5	20.8%	21	87.5%	9	37.5%

2.7　考察

　調査に用いた材料文は、起、承、転、結がはっきりとしたまとまりのある文章である。この文章の概要は、「姉のピアノのレッスンを聞いていた幼いモーツァルトが、父親に自分もどうしても弾きたいと申し出たので、父親が弾かせてみたらとても上手に弾けた」という事柄である。モーツァルトの父親が幼い息子が将来偉大な音楽家になるかもしれないと予感する。その理由がつかめれば概要を把握できたと言えよう。したがって、質問文の問4「モーツァルトの父親は、息子が偉大な音楽家になるかもしれないと思ったのはなぜですか」に正しく答えることができれば、この文章の概要が把握で

きたと判断してよかろう。その問 4 に正しく答えるためには、材料文の中の(a)、(d)、(f)、(i)、(k)の個々の事実に関する文の内容を聞き取り、それらを総合した上で(o)の文、"How well he played !" が理解できればよいことになる。

　発話の概要を正しく理解していたかを調べるために、問 4 に対する正答率の違いを見たい。発話の流れにしたがって順にリスニングポイントを移していった A グループの正答率が 58.3%（14 人）であったのに対して B グループの正答率は 41.7%（10 人）、C グループは 37.5%（9 人）であった。A グループと比較して、B、C グループは低い正答率であった。したがって、発話の中心的事柄の理解度は、質問文（リスニングポイント）の提示によって事前に与える情報量が同じであっても、発話の流れにしたがって順序よく提示した方が、発話の流れに前後して提示するよりは上昇すると考えられる。また、正答でもその内容を検討すると、「ピアノを弾かせてみたら上手に弾けたから」というように 2 文以内を総合して答えたものと、「わずか 3 歳のモーツァルトが、姉さんのピアノをそばで聞いていただけなのに上手に弾いたから」というように 3 文以上を総合して答えたものがあった。3 文以上を総合して答えた生徒の割合は、A グループ 29.2%（8 人）、B グループ、C グループは 16.7%（4 人）であった。A グループの生徒は、B、C グループの生徒より深い情報処理をしていたことになる。

　リスニングポイント（質問文）の内容を見ていくと、問 1 は、発話中の 1 文の中の 1 語を聞き取れれば正答できる質問である。A グループの正答率は、95.8%（23 人）で 1 人を除いて他は全員正解を出した。A グループと比較して、B グループ、C グループの正答率は低くなった。したがって、発話中の 1 文の中の 1 語を聞き取れれば答えがわかる質問であっても、発話の流れを無視して提示されると理解度は低下すると考えられる。

　問 2 は、発話中の 1 文を聞き取れれば正答できる質問である。A グループの正答率が 45.8%（11 人）であるのに対して、B グループ 16.7%（4 人）、C グループ 20.8%（5 人）と極端に正答率が低下している。したがって、発話中の 1 文が聞き取れれば正答できる質問であっても、発話の流れを無視して提示されると正答率は低下すると考えられる。

　問 3 は、発話中の 2 文(i)、(j)を聞き取り、それらを総合して答える質問である。しかしながら、今回の調査では、(i)→(j)と理解しても(j)→(i)と理解しても影響がない質問であった。つまり、発話中の 1 つの事実に関する質問で

ある。Aグループと Bグループの正答率が 66.7%（16人）だったのに対して Cグループの正答率は 87.5%（21人）と高くなっている。Cグループは、問3を最初の位置で提示されていた。したがって、発話中の1つの事実に関する質問は、最初の位置に置かれると理解度が上昇すると推測される。

3.　まとめ

　今回の調査を通して、リスニングポイントの提示順序と理解度の関係について、以下のようなことが推測された。

① 発話の中心的事柄は、リスニングポイントとして与える情報量が同じであっても、発話の流れにしたがって順序よく設定していった方が理解度は向上する。

② 発話中の1つの事実に関する質問は、複数質問がある場合には最初の位置に置いた方が理解度は向上する。

③ 発話中の1つの事実に関する質問は、たとえ1つの単語が聞き取れれば正答できるものであっても、発話の流れを無視して設定すると理解度は低下する。

　したがって、発話の流れを無視してリスニングポイントを設定することは、生徒の聞き取り活動を混乱させ、指導の場面では適さないと考えられる。課題の難易度は、リスニングポイントの数によって調整すべきであろう。

第4章

リスニングポイントによって
向けられる視点の影響に関する調査

1. はじめに

　ある程度まとまった量の英文を聞き、その概要を把握する能力を伸ばす効果的な指導方法を考えたい。発話の内容理解に関わるリスニング指導では、Pre-listening 活動、While-listening 活動、Post-listening 活動というように、3段階の指導過程を設定して指導することが教育現場では定着している。本研究では、「Pre-listening 活動の中で課題として生徒に示すリスニングポイントは、どのように設定し、また提示していけば段階を追った計画的な指導ができるか」という、リスニングポイントの設定基準及び提示方法について考えたい。

　Pre-listening 活動は、これから聞く内容について予想を立てやすくしたり、現実のリスニング場面に近い状況を設定したりして、よりよい理解が得られるように、(1)既にもっている背景的知識を活性化させる、(2)適切な背景的知識をもっていない場合は補う、(3)何のために聞くのか、どのような情報を求めて聞くのかという聞くことの目的をはっきりさせる、(4)聞くことに興味を起こさせ意欲的に聞き取り活動に取り組ませる、というような役割をもっている。

　「注意して聞き取るべきリスニングポイントを事前に課題として生徒に示す」ことは、どのような情報を求めて聞くのかという聞くことの目的をはっきりさせると同時に、その質問文自体が事前情報となり、生徒のもつ背景的知識を活性化させ、発話内容の予測をしやすくさせるという役割を果たす。したがって、リスニングポイントを意図的に操作することによって、リスニングの課題の難易度を変化させることができ、段階を追った計画的なリスニング指導をすることができるようになると考えられる。

　第6部では、第2章で Pre-listening 活動の中で、生徒に示すリスニング

ポイントの数の違いで発話の概要の理解度にどのような影響が現れるかついて、第 3 章でリスニングポイントの提示順序の違いで発話の概要の理解度にどのような変化が現れるかについて考察した。リスニングポイントの設定に関して、さらにはっきりとさせたい課題として、リスニングポイント（質問文）により生徒の視点（注目すべき事柄）を変えることで、概要把握にどのような影響が現れるかという問題があると思われる。リスニングポイントの設定に際して最も重要な観点かもしれない。そこで、この第 4 章では、リスニングポイントによって向けられる視点を変えることで概要把握にどのような影響が現れるか調査したい。

2.　調査

2.1　調査の目的
　リスニングポイントによって向けられる視点を変えることで概要把握にどのような影響が現れるか調査する。

2.2　調査仮説
　リスニングポイントによって、発話の概要に関わる登場人物全員に「視点」を向けさせた方が、一部の登場人物に視点を向けさせるより発話の概要が把握しやすい。

2.3　参加者
　調査の参加者は、中学校で同じ教師に指導を受けている 3 年生の生徒である。Pre-test（リスニングテストを含む 4 回のテスト）結果を基に 66 人で構成した等質の 2 集団を設定し、一方を実験群、他方を統制群とした。

2.4　手順
　リスニングポイントは、両群とも 3 つ設定した。統制群に対しては、材料文の 3 人の登場人物の中の 2 人に関するリスニングポイント（質問文）を設定し、実験群に対しては 3 人全員に関するリスニングポイントを設定した。両群とも英文を聞かせる前に、Pre-listening 段階を設け、材料文の題名と材料文を聞いて答える 3 つのリスニングポイント（質問文）を黙読することで確認させた。その後、英文を 2 回聞かせた。解答時間は両群とも同じにな

るようにした。

2.5　材料文と問題文（リスニングポイント）

　聞き取りに用いた材料文は、生徒が使っている教科書とは異なる出版社の
２年生用の中から選んだ。そして、音源は、教科書準拠の授業用のものを用
いた。聞かせた材料文とリスニングポイント（質問文）は、以下の表１と表
２に示す通りである。

表1.　材料文

One morning a pretty girl was playing the piano.	(a)
Her father was giving a lesson to her.	(b)
He was a famous musician in Austria.	(c)
His little son was sitting by the piano, too.	(d)
They finished the lesson.	(e)
"May I play the music, Father?" asked the boy.	(f)
He was only three years old then.	(g)
"Oh, no.	(h)
You are too young.	(i)
It's too difficult for you," answered his father.	(j)
But the boy did not listen to him.	(k)
His father said at last.	(l)
"All right. Try, then."	(m)
He began at once.	(n)
How well he played !	(o)
His father said himself, "He may become a great musician."	(p)
This boy was Wolfgang Mozart.	(q)
His father gave him piano lessons after that.	(r)
Mozart became a famous musician later.	(s)

（中教出版　NEW EVERDAY ENGLISH 2）

表2.　質問文（リスニングポイント）

実験群
問1　少女にピアノのレッスンをしていたのはだれですか。
問2　モーツァルトはその時、どこにいましたか。
問3　モーツァルトの父親が、「息子は将来、偉大な音楽家になるかもしれない。」と思っ
　　　たのはなぜですか。

統制群
問1　少女にピアノのレッスンをしていたのはだれですか。

問 2　その人は、どこの国の人ですか。
問 3　モーツァルトの父親が、「息子は将来、偉大な音楽家になるかもしれない。」と思ったのはなぜですか。

2.6　結果

　実験群と統制群が共通して答えた、問 1 と問 3 の正答率は、表 3 に示す通りとなった。この文章の概要は、問 3 に正しく答えることができれば、把握できていたと考えられる。実験群の正答率は、43.9％、統制群の正答率は、33.3％で実験群の方が、発話の概要を正しく把握していた生徒が多かった。

表 3.　問 1 と問 3 の正答率

	実験群（n＝66）	統制群（n＝66）
問　1	95.5% （63 人）	97% （64 人）
問　3	43.9% （29 人）	33.3% （22 人）

　学力の上位群、中位群、下位群の各正答率は、表 4 に示す通りとなった。
　概要把握に関わる問 3 の正答率は、実験群の中位群、下位群の生徒が際立って多かった。

表 4.　学力群別の正答率

	実験群		統制群	
	問 1	問 3	問 1	問 3
上位群	95.5% （21 人）	59% （13 人）	100% （22 人）	59% （13 人）
中位群	100% （29 人）	45.5% （10 人）	100% （22 人）	27.3% （6 人）
下位群	90.9% （20 人）	27.3% （6 人）	90.9% （20 人）	13.6% （3 人）

2.7　考察

　問 3 に正しく答えることができれば、この英文の概要を把握できたと判断できる。この問 3 に対する実験群、統制群の正答率を比較すると、表 3 に示

したよう、実験群の正答率が 43.9％に対して統制群の正答率は 33.3％であった。実験群の方が正しく英文の概要を把握できた生徒が多かったことがわかる。

　実験群、統制群の生徒は、最初に「問 1」の問題文「少女にピアノのレッスンをしていたのはだれですか」によって少女が登場するという事前情報を得た。そしてその質問に答えることで、父親に視点が向けられた。「問 1」に対する正答率が実験群 95.5％、統制群は 97.0％と両群とも非常に高い。材料文（表 1）中の(b)の文のみを理解できれば正答できるもので、吉田（1987）が定義した、聞き取り能力の発達段階における最初の「内容の個々の特徴を平面的にとらえる段階」のレベルの問題だったと考えられる。問 1 に答える課題によって両群の生徒ともモーツァルトの姉、父親という 2 人の登場人物の情報を得ると同時に視点が 2 人に向けられたことになる。

　続いて実験群の生徒は、問 2 の「その時、モーツァルトはどこにいましたか」という質問に答えることで視点をモーツァルトに向けられた。一方、統制群の生徒は、問 2 の「その人は、どこの国の人ですか」という質問によって視点は父親に向けられたままである。

　統制群の生徒も、材料文の題名が『モーツァルト』であることを Pre-listening 段階で知らされていた。したがって、問 3 に答える前に、モーツァルト、姉、父親という事前情報をもっていたのである。しかし、材料文を聞きながら行う課題によって視点をモーツァルトに向けられた実験群の生徒の方がより情報処理がうまくできたことになる。

　以上のことから、概要把握に関わる登場人物全員にリスニングポイントによって視点を向けた方が、一部の登場人物に視点を向けるより、概要が把握しやすくなると考えられる。特にモーツァルトという材料文の中の中心人物に視点を向けることによっていっそうその傾向が強くなったことが推測される。表 4 に示した学力群の上、中、下の問 3 に対する正答率を実験群と統制群で比較すると、上位群では実験群、統制群とも正答率が 59.0％で変わらないことがわかる。統制群の生徒は、材料文の題名を与えられたことで、十分情報処理ができたと思われる。リスニングポイントによって視点を変えることによって影響を受けた生徒は、中位群と下位群の生徒であった。特にその影響を受けたのは下位群の生徒であった。

　実験群と統制群の解答を、正答率という量的な観点で分析してきたが、その解答内容は質的にも違いが見られた。問 3 の正答には、「ピアノを上手に

弾けたから」というように1文を使って解答している生徒や、「わずか3歳なのにピアノを上手に弾けたから」というように2文を使って解答している生徒がいた。また「まだ幼いモーツァルトが姉のピアノの練習を聞いていただけなのにピアノを上手に弾けたから」というように3文以上を使って解答した生徒がいた。情報処理の深さの観点から考えると、より深い情報処理をしていた生徒は、統制群より実験群の方が多かった。リスニングポイントにより概要把握に関わる登場人物全員に視点を向けられること、特に中心人物に視点を向けられることの影響は、情報処理の深さにも及ぶと思われる。

　また、誤答の内容面を検討していくと、いくつかの分類ができる。まず、一番多かった誤答は、無解答である。聞き取れた個々の文の量が少なかったことが考えられる。その結果、統合して答えることが必要な問題は答えられなかったと思われる。下位群の生徒は、ほとんど無解答であった。次に多かった誤答は、解答内容の一部の間違いで、「父よりピアノがうまかったから」、「むずかしいコンチェルトを弾くことができた」、「多くの町の人々に認められていたから」、「3年でピアノが弾けたから」というような内容である。つまり、聞き取れなかった部分を自分の推測で答えたものである。内田（1982）は、情報が処理しきれない時には、既有のスキーマの修正や転用によって情報処理を行うことがあることを指摘しているが、これらの誤答も、聞き取った内容からではなく、自分のもっている知識で解答したものと思われる。

3.　まとめ

　今回の調査は、Pre-listening 活動段階で、生徒に提示するリスニングポイント（問題文）によって発話中のどこの部分に、登場人物の誰に視点を向けさせた方が、より発話の概要を把握しやすいのかということに注目したものである。

　「発話の中の中心人物に視点を向けさせた方が、視点を向けさせないより概要を把握させやすい」という仮説を立てて調査したが、その調査仮説はある程度実証できたように思われる。

第 2 章、第 3 章、第 4 章の調査結果からのリスニングポイント設定の仕方への示唆

　教科書本文を利用してリスニング練習をする際に、教師はその発話を聞かせて生徒に答えさせる問題文を考える。この問題文がリスニングポイントである。そのリスニングポイントを設定するにあたり、どのような点に注意すればいのかという明確な原理がない。単なる思いつきで設定しては、効果的なリスニング練習はできない。そこで、リスニングポイント設定の原理を求めて調査を行った。リスニングポイント設定に関して注目した点は、リスニングポイントの「数」、「提示順序」、そして「視点」の 3 つの観点である。

　第 1 の観点は、第 2 章で調査した、リスニングポイントの「数」（量）に関してである。これは、また生徒に与える事前情報量関わることである。リスニングポイントの設定にあたっては、いきなり発話の中心的な事柄にリスニングポイントを設定して質問するより、リスニングポイントの数を増やし、発話の初めの部分から順序よくリスニングポイントを設定して質問していった方が、発話の中心的な事柄は理解しやすいということがわかった。発話の最初の部分に関するリスニングポイント（質問文）が手がかりとなり、発話の初めの部分がよく理解でき、その結果、後続する発話の展開が予想しやすくなることが考えられる。また、リスニングポイント（問題文）自体が事前情報となり、多くのリスニングポイントがある方が事前情報を多くもつことになり、理解が促進されると考えられる。

　第 2 の観点は、第 3 章で調査した、リスニングポイントの「提示順序」に関してである。発話中の同じ箇所、同じ量のリスニングポイントを設定したとしても、発話の流れに前後して提示すると、発話の流れにしたがって提示する場合に比べ、発話の中心的事柄の理解度は低下することがわかった。

　丸野・高木（1979）は、リーディングにおける物語の理解・記憶に関して、「ただ単に個々の話題をリハーサルするだけでは有効な情報処理とはいえない。むしろ物語の全体の構造を把握する中で、個々の関係を理解しなければならない。そしてその構造把握の際には、物語の開始部から終末部への流れに沿って、あるいは逆の流れをもって個々の話題の位置および因果関係を理解していくと考えられる」と述べ、物語の時間的な一貫性の把握は、物語全体の構造把握に大きく関係していることを指摘している。リスニングポイントの設定に関しても、発話の時間的な流れを考慮すべきであろう。

　第3の観点は、第4章で調査した、「視点」に関してである。発話のどの部分、登場人物の誰に「視点」を当ててリスニングポイントを設定するかという設定基準で、発話の中心部分に関わる登場人物全員に「視点」を向けさせた方が、一部の登場人物に「視点」を向けさせるより、概要は把握しやすいということがわかった。発話の流れにしたがい、同じ情報量を提示したとしても、「視点」によって概要把握に影響があるとこがわかった。

　「視点」の問題に関わり、材料文のタイトルを示すことの効果については、物語の題名が先行オーガナイザとして機能し、文章理解を助けるという報告は数多くあるので教材を作成する際、考慮しなければならないことであろう。

　以上の3つの観点から物語文のような、起、承、転、結のはっきりとした構造の材料文を使ってリスニングポイント（問題文）を設定する場合を考えると、最も難度の低い、概要を把握させやすいリスニングポイント（問題文）を設定するには、発話の流れにしたがい、発話の最初の部分から順を追って概要把握に関わる登場人物全員に「視点」を向けさせるようにすればよいことになる。ここから出発して、次第にリスニングポイントの「数」を減らし、「視点」を変えて段階付けをしていけばよいと思われる。「提示順序」に関しては、発話の流れに前後して提示することは理解の過程そのものを乱してしまうので指導の場面では適さないことのように思える。そして、最終的な目標としては、教師はリスニングポイントを示さず、生徒は「自分の力でメモを取り、それを基に発話の概要を文章で表すことができる」ということになろう。

第 **5** 章

グループ活動が聞き取り活動に
与える影響についての調査

1. はじめに

　ある程度の長さの英文を聞いて、その概要や要点を聞き取る練習は、「指導」ではなく「テスト」になりやすいという批判が多かった。「テスト」ではなく「指導」にするためにはいくつかの要素が必要である。

　柳（1995:55）は、「材料としての教材の理解を確実にし、また、理解に至るまでの過程を学習者に経験させる」学習の場を設定することがリスニング練習には必要であることを指摘している。また、Field（1998）は、「生徒の理解度を正答の数で判断するのでなく、間違いがどこから生じているのかを見つけ、正す」ことが必要であることを主張している。

　これらの指摘は、自分のリスニングの過程を自己認識し、自分の理解の仕方を客観的に認識する活動をする必要があるということを意味している。実際に教室で実施できる活動を考えると、グループ活動を取り入れることが適していると考えた。自分が出した解答は、聞き取ったどの単語や文から判断した結果なのかをグループ活動の中で話し合うことを通して、自分のリスニングの過程を振り返り、理解に至るまでの過程を確認することができるのではないかと考えた。

　実践したグループ活動を取り入れた聞き取り練習は以下のような手順で行った。

⑴ Pre-listening 段階を設け、聞き取り活動の課題（リスニングポイント）を示し、メモを取りながら聞くように指示する。

　　　　↓

⑵ 英文を2回聞かせ、解答を記入させる。

　　　　↓

⑶　どのような文や単語から判断して答えを出したかを話し合うグループ活動を行う。

↓

⑷　グループ活動の後でもう一度英文を聞かせる。1 回目の聞き取り活動で記入した解答を修正する必要がある場合は他の色の鉛筆で記入させる。

↓

⑸　解答を全体で確認する。

↓

⑹　スクリプトを見ながら、再度英文を聞く。

　このようにグループ活動をリスニング活動に取り入れることでどのような効果があるのか調査を行った。以下に調査内容を示す。

2.　調査

2.1　調査の目的
　リスニング活動にグループ活動を取り入れることで、理解力にどのような影響が現れるか調査する。

2.2　調査仮説
　リスニング活動にグループ活動を取り入れることで、自分のリスニングの過程を認識でき、より深く内容を理解できるようになる。

2.3　参加者
　調査の参加者は、A 市の中学校の 2 年生の 1 クラス 30 人の生徒である。授業中に実施したリスニング練習の解答を分析し、考察する。

2.4　手順
　生徒に英文を聞かせる前に、Pre-listening 段階を設け、材料文の題名と材料文を聞いて答える 3 つの質問文を示して注意して聞くべき点を確認させた。その後メモを取りながら聞くように指示し、英文を 2 回聞かせた。各個人で質問に対する答えを記入した後、5 分間、4 人で構成したグループで質

問に対する答えについて話し合いの時間を設けた。その話し合いでは、それぞれが、どの単語や文から答えを出したのかということを話し合った。その後、もう一度英文を聞かせ、最初に記入した解答を修正したり付け加えたりする場合には、最初に使用した鉛筆の色とは異なる色で記入するように指示した。最後にスクリプトを印刷したものを配布し、もう一度英文を聞かせた。リスニング練習の手順を図式化すると以下のようになる。

(1)リスニングポイントの確認　→　(2)1回目の聞き取り活動、解答記入　→　(3)グループの話し合い　→　(4)2回目の聞き取り活動、解答の修正　→　(5)解答の確認　→　(6)スクリプトの確認、3回目の聞き取り活動

1回目の聞き取り活動の際に記入した解答と、グループ活動の後に行った2回目の聞き取り活動の時の解答を比較、分析することでグループ活動の影響について考察する。

2.5　材料文と質問文（リスニングポイント）

聞き取り活動に用いた材料文は、生徒が使っている教科書とは異なる出版社の2年生用の中から選び、音源は教科書準拠のものを用いた。

表1. 材料文

One morning a pretty girl was playing the piano. (a)
Her father was giving a lesson to her. (b)
He was a famous musician in Austria. (c)
His little son was sitting by the piano, too. (d)
They finished the lesson. (e)
"May I play the music, Father?" asked the boy. (f)
He was only three years old then. (g)
"Oh, no. (h)
You are too young. (i)
It's too difficult for you," answered his father. (j)
But the boy did not listen to him. (k)
His father said at last. (l)
"All right. Try, then." (m)
He began at once. (n)
How well he played ! (o)
His father said himself, "He may become a great musician." (p)

143

This boy was Wolfgang Mozart. (q)
His father gave him piano lessons after that. (r)
Mozart became a famous musician later. (s)
（中教出版　NEW EVERDAY ENGLISH 2）

表2．質問文（リスニングポイント）

問1　少女にピアノのレッスンをしていたのはだれですか。
問2　その時、モーツァルトはどこにいましたか。
問3　モーツァルトの父親が、「息子は将来、偉大な音楽家になるかもしれない」と思っ
　　たのはなぜですか。

2.6　結果

　1回目の聞き取りと、グループ活動後の2回目の聞き取りの正答率は表3
に示した。また能力群別の正答率は表4に示した。各生徒の解答は、表5の
通りとなった。なお、表5の生徒の順番は、4回の定期テスト（リスニング
テストも含む）結果から得点の高い順に示してあり、問1、問2に関して
は、正答を○、誤答を×で示した。調査した生徒は30人である。

表3．1回目と2回目の正答率

	1回目	2回目
問1	96.7%	100%
問2	60%	96%
問3	40%	96%

表4．学力群別の正答率

	1回目			2回目		
	問1	問2	問3	問1	問2	問3
上位群（10人）	100%	90%	80%	100%	100%	100%
中位群（10人）	100%	70%	30%	100%	100%	100%
下位群（10人）	90%	20%	10%	100%	90%	90%

表 5.　各生徒の解答

○：正答　　×：誤答

No	1回目の聞き取り			2回目の聞き取り		
	1	2	問 3	1	2	問 3
1	○	○	3歳だったのに難しいピアノの曲を弾いたから。	○	○	3歳だったのに聞いただけで難しいピアノの曲を上手に弾いたから。
2	○	○	3歳でピアノを上手に弾けたから。	○	○	1回目と同様
3	○	○	たった3歳で難しい曲が弾けたから。	○	○	1回目と同様
4	○	○	練習しないのに3歳で難しい曲を弾いたから。	○	○	1回目と同様
5	○	○	無答	○	○	3歳でピアノが上手に弾けたから。
6	○	○	モーツァルトはまだ小さいのにうまく弾いたから。	○	○	モーツァルトは、まだ3歳なのにうまくピアノを弾いたから。
7	○	○	まだ若いのにむずかしい曲ができたから。	○	○	まだ幼いのに難しい曲ができたから。
8	○	○	3年もやっていないのに難しい曲を弾いたから。	○	○	3歳なのに難しい曲を弾いたから。
9	○	×	3歳から音楽をはじめたから。	○	○	3歳なのに難しい曲を弾いたから。
10	○	○	難しい曲を弾いたから。	○	○	まだ若いのに難しい曲が弾けたから。
11	○	×	無答	○	○	難しい曲を弾いたから。
12	○	○	無答	○	○	3歳なのにピアノが弾けたから。
13	○	○	若いのに音楽の才能があるから。	○	○	3歳のころ難しい曲を弾いたから。
14	○	○	ピアノがうまかったから。	○	○	3歳でピアノが上手に弾けたから。
15	○	○	難しい曲をすらすら弾いたから。	○	○	難しい曲を上手に弾いたから。
16	○	○	3歳なのにピアノが弾けたから。	○	○	小さいながらも難しい曲を弾いてしまったから。
17	○	○	無答	○	○	まだ若いのに難しい曲が弾けるから。
18	○	×	無答	○	○	3歳のころ難しい曲を弾いたから。
19	○	○	無答	○	○	難しい曲を弾いたから。

20	○	×	無答	○	○	まだ幼いのに難しい曲を弾いたから。
21	○	×	モーツァルトが作曲したから。	○	○	難しい曲を上手に弾いたから。
22	○	○	自分より難しい曲がひけるから。	○	○	まだ若いのに難しい曲が弾けたから。
23	○	×	音楽に関してものすごい才能をもっていたから。	○	○	3歳という若さで難しい曲を弾いたから。
24	○	○	難しい曲をモーツァルトが歌ってしまったから。	○	○	まだ3歳と幼くて難しい曲を弾いたから。
25	○	×	3歳のときからピアノをやっているから。	○	○	3歳にしては難しい曲を弾いたから。
26	○	×	楽譜を見てすらすら弾いたから。	○	○	3歳なのにうまくピアノが弾けたから。
27	○	×	才能を感じ取ったから。	○	○	難しい曲を演奏したから。
28	×	×	無答	○	○	まだ若いのに難しい曲ができるから。
29	○	×	無答	○	×	無答
30	○	×	無答	○	○	3歳でピアノを上手に弾いたから。

2.7　考察

　1回目の聞き取り活動では、上位群の生徒は10人中8人がおおよそ概要を把握できている。一方中位群では10人中2人、下位群では、10人中1人しか概要を把握できていない。材料文が、生徒にとって難しすぎたのかもしれない。

　次に、グループによる話し合い活動によって、2回目の概要把握結果にどのような変化が現れたのかを検討したい。グループ活動では、それぞれの生徒は自分が取ったメモを基に、各質問の解答は、どの単語や文から判断して出したものなのかを中心に話した。そして、グループの他の生徒の話を聞いて、自分が聞き取った内容と同じであったか確認した。問1と問2は、話し合いの際に単語1つで答えを確認し合える問題であるため、2回目の聞き取りでは、上位群、中位群、下位群の生徒ともほぼ全員が正答できている。

　問3の問題に関しては、上位群の生徒は2人を除いて、1回目の聞き取り活動でほとんどの生徒が概要を把握できた。上位群の生徒にとっては、あまり難度が高い教材ではなかったと思われる。誤答であった解答は、1人は無答で、もう1人は「3歳」という部分を「3年もやっていない」と聞き違え

ている。話し合い活動の後の生徒の解答の変化を見ていくと、1 回目の解答
を全く変えない生徒が 3 人いた。この 3 人は、1 回目の聞き取り活動で、ほ
ぼ正確に概要を把握できている。話し合い活動では、グループの中心となり
他のメンバーに物語の内容や質問の解答の根拠を話したと思われる。した
がって、話し合い活動を通して、この 3 人の生徒は、自分が聞き取った内容
を確認し、自分の聞き取りの過程を振り返ることができたと考えられる。他
の上位群の生徒の 2 回目の解答は、「モーツァルトはまだ小さいのにうまく
弾いたから」が「モーツァルトはまだ 3 歳なのにうまくピアノを弾いたか
ら」に変わったり、「3 歳だったのに難しいピアノの曲を弾いたから」が「3
歳だったのに聞いただけで難しいピアノの曲を上手に弾いたから」というよ
うに、1 回目の聞き取り活動よりもより深い情報処理がなされたり、解答も
より精緻化された。話し合い活動によって、1 回目の聞き取り活動の際に気
づかなかった部分や聞き逃した部分が明確になり、2 回目の聞き取り活動の
際にそれらの部分を注意して聞いたと思われる。

　中位群の生徒の 1 回目の聞き取り活動の結果は、10 人中 6 人が無答で 1
人が誤答である。概要を把握できた生徒は 10 人中 2 人である。中位群の生
徒は、個々の文の理解はある程度できても多くの文を聞いて全体的な関係を
とらえることはできなかったようである。そのため概要把握に関する問題に
は自信がもてず、無答が多かったと思われる。

　丸野・高木（1979:24）は物語文の理解・記憶に関して、「ただ単に個々の
話題をリハーサルするだけでは有効な情報処理とは言えない。むしろ物語の
全体の構造を把握する中で、個々の話題の関係を理解しなければならない。
そしてその構造把握の際には、物語の開始部から終末部への流れに沿って、
あるいは逆の流れをもって個々の話題の位置および因果関係を理解していく
と考えられる」と述べ、物語の時間的な一貫性の把握は、物語全体の構造の
把握に大きく関係していることを指摘している。中位群の生徒は、話し合い
活動で登場人物の関係や全体的な物語の流れを理解し、2 回目の聞き取り活
動で英文を聞いて確認したと思われる。しかしながら中位群の生徒の 2 回目
の聞き取り活動の結果は、「難しい曲を弾いたから」、「3 歳なのにピアノが
弾けたから」というように、上位群の生徒に比べて浅い情報処理しかできて
いない。中位群の生徒にとって、この教材はやや難しかったと思われる。

　下位群の生徒の 1 回目の聞き取り活動の結果は、1 人の生徒が「3 歳のと
きからピアノをやっているから」というように不完全ながら概要をつかんで

いるが、他の 9 人は無答と誤答である。ほとんどの生徒は、「自分（父親）より上手に弾けたから」、「モーツァルトが作曲したから」というように聞き取った内容ではなく、自分の知っている知識や想像で答えている。

　内田（1982:166）は、「情報が処理しきれない時は、既有のスキーマの修正や転用によって情報処理を行うことがある」ことを指摘しているが、これらの誤答も、聞き取った内容ではなく、自分のもっている知識で答えたものだと思われる。つまり、下位群のほとんどの生徒は、1 回目の聞き取りでは概要はつかめなかったということである。この教材は、下位群の生徒には難しすぎたと判断できる。グループの話し合い活動で、下位群の生徒は、英文の内容や注意して聞くべき部分を他のメンバーから教えられ、2 回目の聞き取り活動の時にその話し合いの内容を活かして英文の内容を確認しながら聞き取り活動を行ったと思われる。しかしながら 2 回目の聞き取り活動であっても、下位群の生徒が正しく英文を聞き取り、概要把握ができたかはわからない。グループの話し合い活動の時に聞いた内容を覚えていて解答したとも考えられる。

　下位群の生徒は、グループの話し合い活動で、「モーツァルトの姉にピアノのレッスンをしていたのは父親である」という自分の力で得た情報を、「モーツァルトは、そのときピアノの近くにいたこと」、「モーツァルトは 3 歳であったこと」、「聞いていただけなのに上手にピアノを弾いてしまったこと」など、自分でははっきり理解できなかった英文の内容を他のメンバーに教えられた。また、質問に答えるために聞き取るべき単語や文を知らされた。したがって、下位群の生徒は、自分 1 人だけでは答えだけ知らされて終わってしまう活動を、グループ活動によって理解に至るまでの過程を知ることができたと思われる。

3.　まとめ

　「ある程度の長さの英文を聞いて、その概要を聞き取る指導」は、「指導」ではなく、「テスト」になりやすい。While-listening 活動段階で、自分のリスニングの過程を対象化させ、モニタリングさせることで、どこの部分が理解できないため概要がつかめないのか、どの文や単語が聞き取れないために理解できないのかを生徒に理解させる必要があると考えた。また、そのことが、「テスト」ではなく「指導」につながる重要な要素だと考えた。そし

て、生徒が 30 人程度いる教室で、日々の授業で実践できる活動として、グ
ループ活動を取り入れたリスニング練習が効果的であると考え実践してき
た。

　調査の結果、上位群の多くの生徒は、概要を正しく聞き取ることができた
ため、課題に答えるために自分が聞き取った文や単語を同じグループの他の
メンバーに話すという活動で中心的な役割を果たしていた。したがって、上
位群の生徒は、自分のリスニングの過程をモニタリングするという活動をし
ていたことになる。

　中位群の生徒の多くは、1 文を聞き取ることができれば答えることができ
る問題はできたが、それらを総合して、誰が何をどうしたというところまで
は理解できなかった。したがって、グループの話し合いでは、個々の文の理
解を全体的な理解にすることができ、それを 2 回目の聞き取り活動に活かす
ことができたと思われる。

　下位群の生徒の多くは、1 つの単語が聞き取れれば答えることができる問
題はできたが、文の理解まで要求される問題には答えられなかった。グルー
プの話し合いでは、日本語によって物語の流れ、登場人物の特徴を理解し、
英語でどのように表現していたのかを知らされた。それを基に、2 回目の聞
き取り活動で英文の表現に注意して聞いたと思われる。

　下位群の生徒は、「1 文レベルの聞き取り練習」が必要である。しかしな
がら、「ある程度の長さの英文を聞いて、その概要を把握する練習」も行う
必要がある。Rost（1994:143）が指摘するように、「学習者は、1 つの下位
技能をマスターし、それから次の下位技能を身に付けるのではなく、すべて
の下位技能を同時進行的に身に付けて行く」のであるから、下位群の生徒で
あっても概要把握練習を行う必要があろう。

第
6
部

第**6**章

グループ活動を取り入れた場合と
取り入れない場合の違いに関する調査

1. はじめに

　第5章で調査したグループ活動を取り入れた聞き取り練習は、「Pre-listening 段階を設け、聞き取り活動の課題を示し、メモを取りながら聞くように指示する」、「英文を2回聞かせる」、その後、生徒は、「どのような文や単語から判断して答えを出したかを話し合うグループ活動を行う」、「グループ活動の後でもう一度英文を聞かせる」、生徒は、「1回目の聞き取り活動で記入した解答を修正する必要がある場合は他の色の鉛筆で書き込む」、という手順であった。

　そのグループ活動の影響を知るため、1回目の聞き取り活動の解答とグループ活動後の2回目の聞き取り活動の解答にどのような変化が現れるか調査した。その結果、上位群の生徒は、聞き取った内容をグループの他の生徒に話すことによって、自分の聞き取り過程を振り返る活動をしていた。中位群の生徒は、1文が聞き取れれば解答できる課題はできていたので、話し合いの内容を活かして文と文との関係をつかむことを心掛けて2回目の聞き取り活動を行った。そして下位群の生徒は、英文の内容、聞き取るべき部分を話し合いで教えられ、それを活かして2回目の聞き取り活動を行っていた。

　これらのことから、グループ活動を取り入れた聞き取り練習は、自分のリスニングの過程を振り返り、求めていた情報を正しく聞けなかった場合は何が原因であったのかを確認することができ、正しく聞けていた場合はなぜ正しく聞けたのかを確認することができるメタ認知能力を高める練習にもなることが推測できた。

　さらにグループ活動が生徒の聞き取り活動に与える影響をさらに詳しく知るためには、グループ活動を取り入れた場合と教師だけの指導では、生徒の聞き取り活動にどのような違いがあるのかを調べる必要があると考えた。そ

150

こで、ある課題にグループ活動を取り入れて取り組んだ集団と教師の指導のみを受けた集団が、その後、別の課題に取り組んだ場合、その解答にどのような違いが現れるか調査し、グループ活動の影響をさらに詳しく調査した。

2.　調査

2.1　調査の目的

　リスニング活動でグループ活動を取り入れた場合とグループ活動を行わず、教師の指導のみの場合では、聞き取った内容にどのような違いが現れるか調査する。

2.2　参加者

　調査の参加者は、中学校で同じ教師に指導を受けている 3 年生の生徒である。Pre-test（リスニングテストを含む 5 回のテスト）結果を基に 43 人で構成した等質の 2 集団を設定し、一方を実験群、他方を統制群とした。

2.3　手順

　統制群は、課題 1 に答えるため、2 回発話を聞き、その後、教師がなぜそのような答えになるのか解説しながら答え合わせをした。そして、もう一度同じ発話を聞き、課題 2 に答えた。

　一方、実験群は、課題 1 に答えるため、発話を 1 回聞き、その後、その解答について 4 人で構成されたグループで 4 分間の話し合い活動を行い、もう一度発話を聞いて答えを完成させ、その後、答え合わせのみを行い、教師の解説は受けていない。そして、もう一度発話を聞き、課題 2 に答えた。実験群がグループ活動を行うのに対して、統制群は教師の解説を受けた。課題 1 は、発話の局所的な部分を問う基本的な問題であるが、課題 2 は、包括的な内容を問う発展問題である。

　統制群と実験群の聞き取り活動を図式化すると以下のようになる。

　統制群
　Pre-listening 活動　→　2 回発話を聞く、課題 1 に答える　→　教師の解説と解答の確認　→　1 回発話を聞く、課題 2 に答える

実験群

Pre-listening 活動　→　1回発話を聞く、グループ活動、もう一度発話を聞く、課題1に答える　→　解答の確認　→　1回発話を聞く、課題2に答える

　聞き取りに用いた材料文は、3年生の聞き取り練習用の問題集から選び、音源もその準拠のものである。両群とも聞かせる前に Pre-listening 段階を設け、聞きながら答える課題を示し、メモを取りながら聞くように指示した。課題2は、課題1が終了した後で示した。したがってグループ活動の時点では生徒には示されていない。

2.4　材料文と質問文

　聞かせた材料文と課題1、課題2は、以下の表1と表2に示す通りである。

表1.　材料文

Last summer Mika went to England to visit her friend Masao.	(a)
He studies at a school in Lancaster.	(b)
Lancaster is a beautiful old city in the north of England.	(c)
Through the window of the train for Lancaster, she saw many sheep and cows on the large green field.	(d)
Some were walking around and some were sleeping.	(e)
It was just like a beautiful picture.	(f)
English people love flowers very much.	(g)
Many people have flower gardens in front of their houses.	(h)
They have no walls around their gardens, so she could see the beautiful flowers when she walked along the road.	(i)
She also found that English people love old things.	(j)
One day she visited Masao's teacher Mr.Taylor.	(k)
His house was built 200 years ago.	(l)
She didn't like the house because it was too old and dark.	(m)
But Mr.Taylor loves it because it has a long history.	(n)
He told the history of his house to Mika.	(o)
Mika loved this beautiful old city.	(p)
She wants to visit Lancaster again some day.	(q)

表 2.　問題文

課題 1
問 1　いつミカは、イギリスに行ったのですか。
問 2　ランカスターは、イギリスのどのあたりにありますか。
問 3　テーラーさんは、何をする人ですか。
問 4　ミカが、テーラーさんの家を気に入らなかったのはなぜですか。

課題 2
問 1　何のために、ミカはイギリスへ行ったのですか。
問 2　ミカが道を歩いていたとき、たくさんの花を見ることができたのはなぜですか。
問 3　ミカがいつの日か、また、ランカスターを訪問したいと思ったのはなぜですか。

2.5　結果

　課題 2 に対する実験群と統制群の正答率は、表 3 に示す通りとなった。

　統計的には、有意差はなかったが、問 1、問 2、問 3 とも実験群の生徒の方が正答率が高かった。サンプル数を増やせば、有意差が出る可能性があると思われる。

表 3.　実験群と統制群の正答率

	実験群（45 人）	統制群（45 人）	χ^2 検定
問 1	71.1% （32 人）	64.4% （29 人）	0.46 ns
問 2	66.6% （30 人）	64.4% （29 人）	0.05 ns
問 3	66.6% （30 人）	51.1% （23 人）	2.25 ns

　学力の上位群、中位群、下位群の各正答率は、表 4 に示す通りとなった。

　中位群に有意差が認められた。中位群の生徒がグループ活動の影響を最も受けたと思われる。上位群の生徒は、ほとんど差がなかった。下位群の生徒も統計的には有意差はなかったが、グループ活動が良い影響をもたらしたことがうかがわれる。

表 4.　学力群別の正答率

	実験群			統制群			χ^2 検定		
	問 1	問 2	問 3	問 1	問 2	問 3	問 1	問 2	問 3
上位群	86.6%	93.3%	100%	93.3%	100%	93.3%	0.37	1.03	1.03
(15 人)	(13 人)	(14 人)	(15 人)	(14 人)	(15 人)	(14 人)	ns	ns	ns
中位群	73.3	80.0%	80.0%	60.0%	53.3%	40.0%	0.60	2.40	5.00
(15 人)	(11 人)	(12 人)	(12 人)	(9 人)	(8 人)	(6 人)	ns	ns	*
下位群	53.3%	26.6%	20.0%	40.0%	40.0%	20.0%	0.54	0.60	0.00
(15 人)	(8 人)	(4 人)	(3 人)	(6 人)	(6 人)	(3 人)	ns	ns	ns

$^{*}p<.05$

2.6　考察

　課題 1 を解決するためにグループ活動を行った実験群と教師の解説を受けた統制群の課題 2 に対する正答率は、表 4 に示した通り、問 1、問 2、問 3 とも 5% 水準の χ^2 検定で有意差はなかった。しかし、実験群の方がやや正答率が高い傾向がうかがわれる。特に問 3 の正答率にその傾向が強いように思われる。

　学力群別の結果を見ると実験群と統制群とでは、はっきりと違いが読み取れる。実験群の中位群は問 1、問 2、問 3 とも統制群よりも正答率が高く、特に問 3 に関しては 5% 水準の χ^2 検定に有意差が認められた。上位群と下位群の間にはほとんど差がないことがわかる。全体の集計で実験群の正答率がやや高く見えるのは、中位群の正答率が高いためである。

　課題 1 の問題は、発話中の 1 語の単語、又は 1 文が聞き取れれば簡単に答えられる難易度の低い問題である。一方、課題 2 は、問 1 のみが発話中の 1 文、つまり（表 1）中の(a)の文を聞き取れれば答えられる問題であるが、問 2、問 3 は、発話全体の流れや中心的な事柄が理解できないと答えられない難易度の高い問題である。

　課題 1 を解決するために行ったグループ活動が、その後取り組んだ課題 2 に有効に機能した原因はどこにあるのだろうか。竹蓋（1997）は、同じ材料文を用いて順に難易度が高くなる 3 種類の異なる課題を課していく 3 ラウンド制のリスニング指導の有効性を実証している。その中で、最初の課題を確実に理解することが次の課題へ取り組む準備になること、そして次の課題に取り組む意欲づけになることを指摘している。今回の調査においても、課題 1 に対する取り組みが、実験群の中位群の生徒の方が統制群の中位群の生徒

よりもしっかりとしていたことが考えられる。その結果、実験群の生徒は、意欲的に課題 2 に取り組んだと考えられる。また、課題 1 が次に続く課題 2 の Pre-listening 活動の役割を果たし、実験群の生徒の方が統制群の生徒よりも充実した Pre-listening 活動を行ったため、課題 2 の正答率が向上したとも考えられる。

　特に違いがはっきり現れた問 3 は、発話の終わりに位置するいくつかの文を聞き取り、それらを総合して答える問題である。また、話の全体の流れがつかめていないと答えられない難易度の高い問題である。課題 1 がボトムアップ処理能力で対応できる問題であるのに対して、課題 2 の問 3 はトップダウン処理能力に関わる問題である。グループ活動を行った実験群の中位群の生徒は、教師の説明を受けた実験群の中位群の生徒よりのトップダウン処理がうまくできたとも考えられる。

　上位群の生徒は、もともとトップダウン処理がうまくでき、実験群、統制群とも違いが現れなかったと考えられる。そして下位群の生徒は、1 文の聞き取りレベルの問題しかできないため、グループ活動を行ってもその後、新しい課題に取り組んだ時にはグループ活動の効果は発揮できなかったと思われる。

3.　まとめ

　リスニング練習にグループ活動を取り入れた場合と教師だけの指導では、生徒の聞き取り活動にどのような違いがあるのかを調べるため、ある課題にグループ活動を取り入れて取り組んだ集団と教師の指導のみを受けた集団が、その後、別の課題に取り組んだ場合、その別の課題の解答にどのような違いが現れるか調査した。

　その結果、課題 1 を解決するためにグループ活動を行った集団が、教師だけの指導を受けた集団より、その後取り組んだ課題 2 の理解度によい影響を与える傾向がうかがわれた。グループ活動が有効に機能した原因として、最初の課題を確実に理解することが次の課題へ取り組む準備になること、そして次の課題に取り組む意欲づけになることが考えられる。つまり、課題 1 が次に続く課題 2 の Pre-listening 活動の役割を果たし、より充実した Pre-listening 活動を行ったことと同じ効果があるのではないかと推測された。

第7章

1、2年生の教科書本文を3年生の
リスニング練習に活用した実践の調査

1. はじめに

　中学校3年生に対して、リスニングの基礎を身に付けさせようと実践した、1、2年生の教科書本文を使ったリスニング指導の実践結果を調査した。生徒が1年生、2年生の時に授業で使用した教科書本文をリスニング練習の教材として使用した実践である。

　1、2年生の教科書本文だけすべて抜き出し、縮小して印刷すると、A4用紙の裏表印刷で6枚くらいに収まる。したがって教材の量としては多くない。

　このリスニング練習の第一の目的は、生徒がもつ視覚語彙数（見て意味がわかる語の数）と聴覚語彙数（聞いて意味がわかる語の数）の差を縮めることである。視覚語彙数と聴覚語彙数の差は、学年が進むにしたがって大きくなっていく。つまり、文字で見れば意味は理解できるが、聞いただけでは理解できないという語が増えていくのである。英語を外国語として学んでいる日本では当然のことであるが、中学校段階ではその差を減らすことが必要であると考えた。

　教科書の本文を使ってリスニング練習をすることに対しては、学習意欲面などから問題点が指摘されている。また、既に内容を知っている英文を使ってリスニング練習を積み重ねることで、初めて聞く英文を理解する力が付くかどうかに対しても疑問が残る。そこで、教科書を使ってのリスニング練習は、実際にはどの程度効果があり、また、どのような要素が足りないのかを実践結果を基に調査した。

2. 調査

2.1 調査の目的

　1、2 年生の時に使用した教科書を使ってのリスニング練習は、初めて聞くリスニング教材の理解に効果があるのか調査する。

2.2 参加者

　調査の参加者は、中学 3 年生の生徒である。その年は、英語授業で少人数制を取り入れていたため、1 クラスを A グループ、B グループの 2 集団に分けて授業を行っていた。そして、授業を担当する 2 人の教師は、4 月初め～5 月末、6 月初め～7 月末、9 月初め～10 月末、11 月初め～11 月末、12 月初め～3 月末の 5 期に分け担当するクラスを交代した。1、2 年生の教科書本文を取り入れたリスニング練習は、12 月初め～3 月末の約 3 か月間に各クラスの A グループで実施した。

2.3 手順

　A グループを担当している教師は、授業の最初の 7 分～8 分をリスニング練習にあてた。一方、B グループを担当している教師は、授業の最初は、単語の復習のためにビンゴゲームを行ったり英作文の練習、あるいは教科書以外の教材を用いたリスニング練習などを行ったりした。3 か月間の教科書を使ったリスニング練習が、リスニング能力にどのような影響を与えたのか、テスト結果から考察する。

　3 か月間のリスニング練習の成果を調査するために、リスニングテストを実施した。実施時期を統一するために学年末テストの中に組み入れた。

　調査対象の生徒は、5 クラスの中の教科書のコンテクストを用いたリスニング練習を実施してきた A グループとその他の活動を行ってきた B グループの中から調査以前に実施したリスニングテストを含む 3 回のテスト結果により抽出した。そして、それぞれ 57 人からなる等質の 2 集団を設定した。それぞれのグループには上位群（19 人）、中位群（19 人）、下位群（19 人）の生徒も同等に入るように設定した。そして A グループを実験群、B グループを統制群とした。

　リスニングテスト問題の数は、第 1 部 5 問（5 点）、第 2 部 5 問（5 点）、第 3 部 5 問（5 点）の合計 15 問（15 点）とした。問題の第 1 部は、英語検

定5級の問題から、第2部は、4級の問題から、そして第3部は、3級の問題から出題した。

2.4　授業実践

　3年生の12月初めから3月末の約3か月間は3年間の復習をする時期である。この練習の目標は、1、2年生で学習した教科書本文の文字と音と意味を一致させ、基礎的なリスニング能力を身に付けさせることとした。そのために、語句の意味を確認する練習段階、文字と音と意味を一致させる練習段階、そしてリスニングポイントを意識しながら聞く練習段階を設定した。

　3段階の練習を考えたリスニング練習は、全28回で計画した。具体的な練習方法は以下のように行った。

　第1段階：（8回）生徒が使った1年生用、2年生用の教科書の中の全ての本文をタイプしたプリントを4分間黙読する。その際、意味がはっきりしない語句に印を付ける。そして、印を付けた語句の意味を確認する。

　第2段階：（10回）教科書本文をタイプしたプリントを見ながら音声を聞く。目で文字を追いながら聞く。その際、意味を考えながら聞く。

　第3段階：（10回）文字を見ないで教科書本文の音声を聞く。事前にリスニングポイントを確認し、聞きながら、あるいは聞いた後でその課題に答える。その後、課題の答え合わせをする。

　第1段階では、教科書本文を黙読することを通して、どの語句を覚えていないか、忘れかけているかをはっきりさせ、それらの語句の意味を確認することをねらった。その活動がその後のリスニング練習の助けになると考えた。1回の練習で読む分量は個人によって異なるため、読み終えたところに各自が印を付けておき、次の授業では、その続きから読み始めた。第1段階のこの練習は、8回設定してあったので、早く全体を読み終えた生徒は、再び最初に戻って2回目を読むように指示した。

　第2段階では、文字と音と意味を一致させることをねらった練習を行った。音声で流れてくる英文の音を聞きながら目で文字を追っていき、頭の中では意味内容を考えるという練習である。第1段階で語句の意味を確認して

あるので、比較的負担を感じることなく、聞きながら意味内容を理解できると思われる。この練習を通して、正しい聴覚像を形成するのにも役立つと考えた。1回の練習で聞く量は2～3レッスン分とした。

　第3段階では、リスニングポイントを意識しながら発話を聞く練習とした。教科書本文の意味内容は既にわかっているため、負担なくリスニングポイントに集中しながら聞き取り活動ができると思われる。また。文字を見ないで聞くことで基礎的な音の聞き取り練習にもなると考えた。1回の練習で聞く分量は2～3レッスン分とした。

2.5　結果

　グループ別の平均点は、以下の表1に示す通りとなった。問題別の平均点は、表2の示す通りとなった。また、学力群別の平均点は、表3、学力群別の問題別の平均点は、表4の通りとなった。

　グループ別の平均点に有意差は認められなかったが、サンプル数が増えれば、有意差が出るように思われる。学力群別の平均点で、上位群に有意差が認められた。問題別の平均点に有意差は認められなかったが、学力群別の問題別の平均点を見ると、上位群の第3部に有意差が認められた。第3部は、英語検定3級の問題であるので、学力に合った問題に対して効果があることが推測できる。

表1.　グループ別の平均点

	実験群（n＝57）	統制群（n＝57）	t 検定
平均	12.32	11.67	$t = 1.30$ $p = .194$

表2.　全体の問題別平均点

	実験群（n＝57）	統制群（n＝57）	t 検定
第1部	4.54	4.42	$t = 0.68$ $p = .49$
第2部	4.14	3.95	$t = 0.96$ $p = .34$
第3部	3.63	3.30	$t = 1.43$ $p = .16$

表 3.　学力群別の平均点

	実験群	統制群	t 検定
上位群 ($n=19$)	14.37	13.68	$t=2.09$ $^{*}p=.04$
中位群 ($n=19$)	12.89	12.37	$t=1.23$ $p=.23$
下位群 ($n=19$)	9.68	8.95	$t=0.87$ $p=.39$

$^{*}p<.05$

表 4.　学力群別の問題別平均点

		実験群	統制群	t 検定
上位群	第 1 部	4.95	5.00	$t=-1$ $p=.32$
	第 2 部	4.74	4.58	$t=1.01$ $p=.32$
	第 3 部	4.68	4.11	$t=2.19$ $^{*}p=.03$
中位群	第 1 部	4.89	4.79	$t=0.73$ $p=.46$
	第 2 部	4.36	4.00	$t=1.43$ $p=.15$
	第 3 部	3.63	3.58	$t=0.16$ $p=.86$
下位群	第 1 部	3.80	3.47	$t=0.81$ $p=.42$
	第 2 部	3.31	3.26	$t=0.12$ $p=.90$
	第 3 部	2.58	2.21	$t=1.10$ $p=.27$

$^{*}p<.05$

2.6　考察

　調査の結果、表 1 で示した通り、全体としては教科書のコンテクストを使ったリスニング指導を受けた実験群とその他の活動を行った統制群では、5 ％水準の t 検定で有意差はなかった。また、表 2 で示した通り、全体としては問題別でも実験群と統制群の間に有意差がなかった。英検の 5 級は中学校 1 年生程度、4 級は中学校 2 年生程度、そして 3 級は中学校 3 年生程度の

能力を測定するのに適していると言われている。したがって、全体として
は、教科書のコンテクストを用いたリスニング練習をすることは、他の活動
（単語練習、作文練習、教科書以外のコンテクストを用いたリスニング練習）
をすることに比べて、中学校段階で身に付けさせたいリスニング能力の伸長
に、特に効果的に機能するとは言えないことになる。

　学力群別の調査結果をみると、表 3 で示した通り、上位群に 5% 水準の t
検定で有意差が認められた。そして、表 4 で示した通り、上位群では第 3 部
に有意差が見られた。グループ全体として有意差はなかったが、上位群の生
徒にとっては、教科書のコンテクストを使ったリスニング練習は、基礎的な
リスニング能力の伸長に有効に機能することが推測された。

　第 3 部の問題は英検 3 級の問題であるため、中学校 3 年生レベルの問題に
対処できる力が効果的についたと考えられる。また、表 4 からわかる通り、
有意差はないものの中位群の第 2 部に教科書のコンテクストを使った練習が
効果的である傾向がうかがわれる。第 2 部は英検 4 級の問題であり、中学校
2 年生程度の問題に対処できる力がついたと思われる。上位群が 3 級の問題
に効果が見られ、そして中位群が 4 級に問題にやや効果が見られたことは、
現在もっているリスニング能力を向上させたと思われる。下位群の生徒には
有意差や有意化傾向は見られなかった。したがって、教科書のコンテクスト
を使ったリスニング練習は、上位群、中位群、下位群の順に効果があり、現
在もっている能力を向上させる効果があると推測される。現在もっている能
力に比べ、難しすぎる課題にはその効果は現れないようである。

　上位群に有意差がそして中位群に有意化傾向が出た原因として、活動中の
観察から学習意欲に関する要因が挙げられる。上位群の生徒は、活動の目的
をしっかりと理解し、単調な活動にも集中して意欲的に取り組み、また 3 か
月間継続的に実施しても飽きることなく取り組むことができた。一方、下位
群の生徒の中には、あまり変化のない活動には意欲的に取り組めない生徒が
いた。教科書のコンテクストを用いることのデメリットが出たと思われる。
また、教科書を用いた練習であるので困難点は少ないと思われたが、下位群
の生徒にとってはそうではなかったようである。下位群の生徒にとっては、
1 年生、2 年生用の教科書でも意味がはっきりしない語が多く、リスニング
能力の向上に結び付く効果的な練習にはならなかったようである。さらに工
夫を加えて基本的な練習となるようにする必要があった。

3.　まとめ

　生徒にとって最も身近で、何度も繰り返し使う教材である教科書をリスニング練習用の教材として用い、リスニング能力の核となる力を付けさせようと約3か月間実践した。結果として、上位群には効果が見られ、中位群にもやや有意化傾向がうかがわれた。しかし、下位群には効果が見られなかった。意味内容、文構造を学習したはずの教科書であっても下位群の生徒にとっては困難点が多くあったようである。また、ある程度の視覚語彙、聴覚語彙をもった上でないと練習には効果が見られないのかもしれない。さらに基礎的なリスニングの教材、練習方法の工夫が必要であったと思われる。

　今回の調査では、既に学習して内容を知っている教科書のコンテクストを使ったリスニング練習であっても、リスニング能力の伸長にまったく効果がないわけではなく、はじめて聞く発話の理解力の育成に、ある程度の成果は期待できることがうかがわれた。

4.　これからのリスニング指導

　これまで、中学校でのリスニング指導について考察してきた。リスニング指導は、授業の様々な場面で行われるが、授業で必ず使用する教科書を使っての指導に焦点を当てて考えた。教科書のもつ問題点を補いながら長所を活かし、誰でも簡単に継続して少ない準備で実施できることを重視して考えてきた。Pre-listening 段階で課題として生徒に示すリスニングポイントについて、While-listening 段階で行うグループ活動について中心に考察した。そして Post-listening 段階としては、Dictogloss について考えたい。このことについては章を改めて詳しく考察したい。

　これからの中学校でのリスニング指導の在り方を考えると、リスニング指導のみに限定して考えるのではなく、技能間の連携を重視していくことが現実的であろう。それは、小学校で英語の授業が始まり、生徒は、基礎的な4技能の素地をもって中学校に入学してくるからである。

　現在、緊急の課題として取り上げられている小中の円滑な接続の問題に対する解決策の1つは、小学校で身に付けたコミュニケーション能力の基礎を活かして中学校の英語教育を考えることにあるであろう。コミュニケーション能力の基礎の構成要素は、「音声による概要把握能力」、「聞き取ろうとす

る態度」が挙げられる（e.g., 石濱, 2008；白畑, 2009）。小学校で身に付けた「聞き取ろうとする態度」を活用して、「語彙指導」、「文法指導」、「プロジェクト型活動」を行い、その結果、学習意欲面に対してもよい影響を与えた（池谷, 2012）という報告がすでにされている。したがって、音声からの文法項目の導入、音声からの教科書本文の内容の導入、Teacher's small talk、chat の活動など、今まで以上に授業の中に音声による指導の活用を考える必要が生まれてくると思われる。

第 6 部のまとめ

　授業中、リスニング活動を行う場面は多い。しかしながら、リスニング活動は、練習ではなくテストになりやすい。この第 6 部では、ある発話を聞かせ、それを聞いて答えるリスニングポイントの設定について考えた。それは、教師が行わなければならない重要な作業だからである。

　第 6 部で考察したことは、リスニングポイントの数、リスニングポイントの提示順序、そしてリスニングポイントによって向けられる視点の 3 つである。それらを変えることで理解度にどのような影響が現れるのか調査した。3 つの観点から物語文のような起、承、転、結のはっきりとした構造の材料文を使ってリスニングポイント（問題文）を設定する場合、最も難度の低い、概要を把握させやすいリスニングポイント（問題文）を設定するには、発話の流れにしたがい、発話の最初の部分から順を追って概要把握に関わる登場人物全員に「視点」を向けさせるようにすればよいことがわかった。ここから出発して、次第にリスニングポイントの「数」を減らし、「視点」を変えて段階付けをしていけばよいことになる。「提示順序」に関しては、発話の流れに前後して提示することは理解の過程そのものを乱してしまうので指導の場面では適さないと思われる。

　リスニング練習の最終的な目標は、生徒はリスニングポイントを示されなくても「自分の力でメモを取り、それを基に発話の概要を文章で表すことができる」ということになろう。

　リスニング練習をテストではなく指導に変えていくための有効な手段としては、グループ活動を取り入れていくことである。自分のリスニングの過程を自己認識することができ、メタ認知能力を高めることができるからである。

第**7**部

語彙指導

Abstract

　教科書で使われる語彙数は、過去 2 回の学習指導要領の改訂に伴って大幅に増加した。平成 24 年度の改訂の際には、小学校で外国語活動が導入されたこと、中学校で週の授業時数が 3 時間から 4 時間に増やされたことに伴い、中学校 3 年間で使われる語彙数は、900 語程度であったものが 1,200 語程度まで増えた。そして、令和 3 年度から全面実施をされた学習指導要領では、小学校で扱った 600 語～700 語に 1,600 語～1,800 語程度を加えた語を学習するとされた。したがって、教科書で使用される語彙数は、1,200 語程度であったものが、2,200 語を超えることになる。

　しかしながら、これらは視覚語彙（見て意味がわかる語）の合計数である。これらの中のどの語を聴覚語彙（聞いて意味がわかる語）や口頭語彙（話すときに使える語）、作文語彙（書くときに使える語）にまで指導するのかは学習指導要領では示されていない。その選定は、教師がやる仕事になる。

　授業中における語彙指導は、体系化、組織化しにくく、また授業中に時間を十分にかけることも難しいため、現状として家庭学習に委ねられている部分が多い。しかし、中学校 1 年生に対する語彙指導は、その後の英語学習がうまくいくかどうかを大きく左右する要因の 1 つになっている。単語の意味がわからないことや正しく読めないことが、文の正しい理解の失敗や言語活動の失敗をまねき、その後の学習意欲を失わせ、英語嫌いをつくってしまう一因になっている。したがって、中学校 1 年生の 1 学期は授業の中で時間を使って、ていねいに語彙指導をする必要がある。

　第 7 部では、語彙に関する 2 つの調査報告をする。第 1 章では、中学校 1 年生に対する絵入り単語カードを使った語彙指導の実践とその効果についての報告である。第 2 章では、中学校で 3 年間英語の授業を受けた 3 年生の生徒たちの視覚語彙数と聴覚語彙数の差はどれくらいあるのかという調査報告である。この視覚語彙数と聴覚語彙数の差についての調査の意図は、中学校の段階では、見て意味のわかる語は、聞いても意味がわかる語であってほしいという願いがあるが、現状として、外国語として英語を学んでいる学習者の視覚語彙数と聴覚語彙数の差は、学年が進むにしたがって大きくなっている。そこで、実際にはどれくらい差が生じているのかを調査することにある。なお、これら 2 つの調査は、小学校で英語授業が開始される以前のものである。しかしながら、ある程度は参考になると思われる。

第1章

絵入り単語カードを使っての
語彙指導（中学校1年生）

1. はじめに

　中学校1年生の段階での語彙指導は、その後の英語学習に大きな影響を及ぼすため、ていねいに行いたい。学習指導要領の改訂で指導すべき語彙数が増えたが、1年生の段階では、見て意味のわかる語（視覚語彙）は、聞いて意味がわかる語（聴覚語彙）であってほしい。そこで、小学校でもよく使われている絵入り単語カードを用いて語彙指導を4月〜7月にかけて行った。絵入り単語カードとは、ある事物を示す絵の下に英語で文字が記入されているものである。絵が語の意味を示しており、同時にその語のスペリングも示されている。このカードを音読することを通して、文字と意味と音を結びつけることができると考えられる。

2. 絵入り単語カードを使っての指導

2.1 絵入り単語カードの種類

　使用した絵入り単語カードは、大別すると3種類になる。最初に使ったものは名詞カードである。この名詞カードには、動物、食べ物、国名、教科名、身の回りにあるものなど、100語以上を載せた。そして名詞ばかりでなく、よく使う形容詞も入れた。ある程度慣れてきたところで動詞カードをつけ加えていった。動詞は、1年間で教科書に出てくるものをすべて載せた。そして、最後に動詞句カードを加えた。ある動詞がどのような名詞とともに使われるのか知る目的もあった。

2.2 活動例

　(ア) 生徒は、カード（絵と文字）を見ながら教師の後について全員で音読

する。

(イ) 生徒は、順番に 1 人 1 つずつカードの単語を音読する。他の生徒は、それを聞きながらカードを見る。

(ウ) 台紙を配りビンゴゲームを行う。

(エ) 生徒は、バラバラにしたカードをもち、それを使って疑問文とその応答文の練習をペアで行う。

動詞カードを使って

(ア) 生徒は、カード（絵と文字）を見ながら教師の後について全員で音読する。

(イ) 生徒は、順番に 1 人 1 つずつカードの単語を音読する。他の生徒は、それを聞きながらカードを見る。

(ウ) 生徒は、目的語を変えて順番に 1 人 1 つずつカードの単語を音読する。他の生徒は、それを聞きながらカードを見る。

2.3　授業の中の語彙指導の位置づけ

(1) 多くの語彙をもたない 4 月〜7 月

使える語彙を増やすことを目的として、授業の最初の 5 分間程度活動を行う。

(2) ある程度語彙が増えた 9 月〜

言語活動を行う前の 5 分間程度、生徒が既にもっている語彙の知識を活性化させ、言語活動を行う際にスムーズにそれらの語彙を使えるようにすることを目的として活動する。

3.　絵入り単語カードを使った語彙の定着度調査

絵入り単語カードを使うことによって、語彙の定着度に影響があるのであろうか。その影響を調べるために、絵入り単語カードを使っていなかった年度の生徒の単語テスト結果と絵入り単語カードを使った生徒の単語テスト結果を比較した。

3.1　調査の目的

絵入り単語カードを使っての語彙指導は、語彙の定着によい影響を及ぼすか調べる。

3.2　調査対象生徒

　A グループ、B グループとも同じ中学校の生徒である。入学年度が 1 年異なり、A グループの生徒たちは、絵入り単語カードを使用していなかった。B グループの生徒たちは、一部の単語について絵入り単語カードを使用していた。

　A グループ A 中学校の中学校 1 年生 77 人（絵入り単語カードを使っていない年度の生徒）

　B グループ A 中学校の中学校 1 年生 37 人（絵入り単語カードを使っている年度の生徒）

3.3　調査時期

　A グループ 3 学期の中旬

　B グループ 3 学期の中旬

3.4　調査方法

　調査用紙に(1)～(50)の単語をプリントし、教師が順番に 10 秒間隔で番号を読み上げていく。生徒は、その単語を見て解答用紙に日本語で意味を記入する。50 語の単語のうち、B グループの生徒たちは何語かは絵入り単語カードで指導を受けていた。

3.5　結果

　絵入り単語カードを使用していなかった A グループの生徒と絵入り単語カードを使用していた B グループの生徒が共通して試された語彙は、50 語の内 32 語あった。その 32 語の語彙の正答数及び正答率は、次の表 1 に示した様に、A グループが 76.50％、B グループが 76.70％で、B グループの生徒の方が、正答率が高い結果となった。

表１．両グループに共通して出題された単語

		Ａグループ N=77		Ｂグループ N=37	
No.	単語	正答人数	正答率%	正答人数	正答率%
1	play	73	94.8%	37	100%
2	study	65	84.5%	34	91.9%
3	know	66	85.7%	33	89.2%
4	speak	66	85.7%	33	89.2%
5	enjoy	64	83.1%	34	91.9%
6	interesting	66	85.7%	28	75.7%
7	*famous	58	75.3%	28	75.7%
8	tall	75	97.4%	35	94.6%
9	*same	54	70.1%	18	48.6%
10	long	76	98.7%	36	97.3%
11	alive	49	63.6%	25	67.6%
12	building	75	97.4%	34	91.9%
13	friend	73	94.8%	32	86.5%
14	*hour	41	53.2%	12	32.4%
15	science	71	92.2%	36	97.3%
16	country	64	83.1%	31	83.8%
17	*sister	72	93.5%	34	91.9%
18	answer	43	55.8%	30	81.1%
19	Monday	72	93.5%	34	91.9%
20	Tuesday	68	88.3%	34	91.9%
21	Thursday	68	88.3%	34	91.9%
22	Friday	68	88.3%	34	91.9%
23	*still	41	53.2%	22	59.4%
24	*with	46	59.7%	19	51.4%
25	*of	41	53.2%	21	56.7%
26	what	67	87.0%	34	91.9%
27	whose	49	63.6%	27	72.9%
28	which	44	57.1%	26	70.2%
29	we	57	74.0%	28	75.7%
30	*us	35	45.5%	13	35.1%
31	*their	41	53.2%	17	45.9%
32	*them	37	48.1%	16	43.2%
	平均	58.9	76.50%	28.4	76.70%

(1) 同じ条件で指導された単語の比較

　Aグループの生徒と同様にBグループの生徒も7、9、14、17、23、24、25、30、31、32の10語の単語については、絵入り単語カードを使っていなかった。したがって、この10語の単語については、ほとんど同じ条件下で指導を受けたと考えてよいと思われる。この10語の単語の正答率は、表2に示す通りとなった。どちらのグループも絵入り単語を使用していなかった単語については、Aグループの方が正答率は高かった。

表2. Bグループもカードを使っていなかった単語

No.	単語	Aグループ N=77		Bグループ N=37	
		正答人数	正答率%	正答人数	正答率%
7	*famous	58	75.3%	28	75.7%
9	*same	54	70.1%	18	48.6%
14	*hour	41	53.2%	12	32.4%
17	*sister	72	93.5%	34	91.9%
23	*still	41	53.2%	22	59.4%
24	*with	46	59.7%	19	51.4%
25	*of	41	53.2%	21	56.7%
30	*us	35	45.5%	13	35.1%
31	*their	41	53.2%	17	45.9%
32	*them	37	48.1%	16	43.2%
	平均	46.6	60.50%	20	54.10%

Aグループの正答率　60.5%　＞　Bグループの正答率　54.1%

(2) 絵入り単語カードを使って指導した単語と使わなかった単語の正答率の比較

　単語カードを使わなかったAグループの生徒と単語カードを使っていたBグループの生徒の正答率の比較は、次の表3に示す通りとなった。絵入り単語カードを使っていたBグループの方が、正答率が高かった。また、動詞についての比較は表4に、形容詞については表5に、名詞については表6に、そして疑問詞については表7に示す通りとなった。形容詞については、Aグループの方が正答率は高かった。動詞、名詞、疑問視については、絵入り単語カードを使っていたBグループの方が正答率は高かった。

表 3 ．単語カードを使っていた語と使っていなかった語の比較

N=77　　　　　　　　N=37

No.	単語	A グループ		B グループ	
		正答人数	正答率%	正答人数	正答率%
1	play	73	94.8%	37	100%
2	study	65	84.5%	34	91.9%
3	know	66	85.7%	33	89.2%
4	speak	66	85.7%	33	89.2%
5	enjoy	64	83.1%	34	91.9%
6	interesting	66	85.7%	28	75.7%
8	tall	75	97.4%	35	94.6%
10	long	76	98.7%	36	97.3%
11	alive	49	63.6%	25	67.6%
12	building	75	97.4%	34	91.9%
13	friend	73	94.8%	32	86.5%
15	science	71	92.2%	36	97.3%
16	country	64	83.1%	31	83.8%
18	answer	43	55.8%	30	81.1%
19	Monday	72	93.5%	34	91.9%
20	Tuesday	68	88.3%	34	91.9%
21	Thursday	68	88.3%	34	91.9%
22	Friday	68	88.3%	34	91.9%
26	what	67	87.0%	34	91.9%
27	whose	49	63.6%	27	72.9%
28	which	44	57.1%	26	70.2%
29	we	57	74.0%	28	75.7%
	平均	64.5	83.80%	32.2	87.10%

B グループの正答率　87.1%　＞　A グループの正答率　83.8%

表 4 ．動詞の比較

N=77　　　　　　　　N=37

No.	単語	A グループ		B グループ	
		正答人数	正答率%	正答人数	正答率%
1	play	73	94.8%	37	100%
2	study	65	84.5%	34	91.9%
3	know	66	85.7%	33	89.2%

4	speak	66	85.7%	33	89.2%
5	enjoy	64	83.1%	34	91.9%
平均			86.80%		92.40%

B グループの正答率　92.4%　＞　A グループの正答率　86.8%

表5．形容詞の比較

N=77　　　　　　　　N=37

No.	単語	A グループ		B グループ	
		正答人数	正答率%	正答人数	正答率%
6	interesting	66	85.7%	28	75.7%
8	tall	75	97.4%	35	94.6%
10	long	76	98.7%	36	97.3%
11	alive	49	63.6%	25	67.6%
平均		66.5	86.40%	31	83.80%

A グループの正答率　86.4%　＞　B グループの正答率　83.8%

表6．名詞の比較

N=77　　　　　　　　N=37

No.	単語	A グループ		B グループ	
		正答人数	正答率%	正答人数	正答率%
12	building	75	97.4%	34	91.9%
13	friend	73	94.8%	32	86.5%
15	science	71	92.2%	36	97.3%
16	country	64	83.1%	31	83.8%
18	answer	43	55.8%	30	81.1%
19	Monday	72	93.5%	34	91.9%
20	Tuesday	68	88.3%	34	91.9%
21	Thursday	68	88.3%	34	91.9%
22	Friday	68	88.3%	34	91.9%
29	we	57	74.0%	28	75.7%
平均		65.9	85.60%	32.7	88.40%

B グループの正答率　88.4%　＞　A グループの正答率　85.6%

表 7. 疑問詞の比較

N=77　　　　　　　　N=37

No.	単語	A グループ		B グループ	
		正答人数	正答率%	正答人数	正答率%
26	what	67	87.0%	34	91.9%
27	whose	49	63.6%	27	72.9%
28	which	44	57.1%	26	70.2%
29	we	57	74.0%	28	75.7%
	平均	54.25	69.30%	28.8	78.40%

B グループの正答率　78.4%　＞　A グループの正答率　69.3%

3.6　考察

　表2、表3を比較して、同一条件下（どちらのグループも絵入り単語カードを使用していない）で指導を受けた単語は、A グループの方が正答率が高いのに対して、その他の単語については、絵入り単語カードを使って指導を受けた B グループの方が正答率が高かった。したがって、絵入り単語カードを使っての指導は、視覚語彙としての単語の定着によい影響を与えるように思われる。

　品詞別の正答率を検討すると、表4に示されたように動詞に関してはすべての単語の正答率が高かった。絵入り単語カードは、動詞に関して最も有効に機能すると思われる。しかしながら、形容詞に関しては、その有効性が見られなかった。形容詞は、名詞や動詞と比べて絵によってイメージしにくく、その結果定着率が低くなったと考えられる。もっと工夫した絵を考え使っていく必要があるように思われる。

4.　まとめ

　コミュニケーション活動につなげる語彙指導をしたいと考え、中学校1年生に対して、絵入り単語カードを使っての指導を1年間実践した。多くの語彙をもたない年度の初めには、使うことができる語彙を増やすことを目的として使用し、ある程度語彙が増えた9月以降には、言語活動を行う前に知識としてもっている語彙を活性化させ、言語活動を行う際にうまく使える状態にしてやることを目的として使用した。絵入り単語カードを用いた語彙指導は、語の意味、綴り、音の3つの要素を結びつけ、語彙力の向上に有効に機

能するように思われる。

第2章

視覚語彙数と聴覚語彙数 の差についての調査

1. はじめに

　中学校に入学して間もないころは、生徒がもっている視覚語彙（見て意味がわかる語）数と聴覚語彙（聞いて意味がわかる語）数の差はあまりない。しかし、2年生、3年生と学年が進むにしたがってその間には差が現われてくる。つまり、視覚語彙に比べて聴覚語彙の伸びが少ないのである。

　外国語として英語を学習している以上、このことはある程度しかたのないことであるが、中学校段階では、なるべく読んで理解できることは、聞いても理解できるようにさせたい。そこで、一般の中学校で授業を受けてきた中学校3年生がもつ視覚語彙と聴覚語彙の割合は、実際にはどの程度であるか調べ、それを基に語彙指導の在り方をリスニング指導の観点から考えたい。

2. 調査

2.1　調査の目的

　読んで理解できる語と聞いて理解できる語の割合を調べ、今後の語彙指導の在り方を考える資料とする。

2.2　参加者と実施時期

　中学校3年生40人（Aクラス20人、Bクラス20人を名簿順に選んだ）調査の実施時期は、1学期の6月上旬である。

2.3　調査した語彙

　1、2年生のときに学習した語の中からアトランダムに119語を選んだ。

2.4　手順

　視覚語彙：調査用紙に(1)〜(119)の単語をプリントし、教師が順番に 10 秒間隔で番号を読み上げていく。生徒は、その単語を見て解答用紙に日本語で意味を記入する。なお、後で意味を思い出しても後戻りして解答してはいけないことにした。

　聴覚語彙：1 週間後、119 の単語を視覚語彙の調査とは順番を変えて 10 秒間隔で録音された音声を流す。それぞれ 1 回しか聞けない。生徒は、聞いた単語の意味を日本語で解答用紙に記入する。音声は、アメリカ人の ALT が読み上げたものである。

2.5　結果

　調査した 119 の単語の被験者 40 人の正答数及び正答率は、表 1 に示す通りとなった。

表 1.　視覚語彙と聴覚語彙の正答率

(N = 40)

No.	語	視覚語彙	正答率%	聴覚語彙	正答率%	No.	語	視覚語彙	正答率%	聴覚語彙	正答率%
1	again	29	72.5	33	82.5	61	help	39	97.5	28	70
2	always	15	37.5	13	32.5	62	hobby	27	67.5	26	65
3	animal	40	100	18	45	63	house	37	92.5	15	37.5
4	answer	28	70	20	50	64	human	8	20	3	7.5
5	apple	39	97.5	35	87.5	65	important	16	40	18	45
6	April	34	85	14	35	66	interesting	38	95	36	90
7	arm	21	52.5	3	7.5	67	invite	13	32.5	10	25
8	arrive	8	20	4	10	68	kind	34	85	20	50
9	art	35	87.5	17	42.5	69	large	32	80	22	55
10	bad	30	75	0	0	70	late	1	2.5	2	5
11	bag	39	97.5	31	77.5	71	leave	9	22.5	2	5
12	beautiful	37	92.5	39	97.5	72	lend	5	12.5	0	0
13	become	16	40	14	35	73	library	9	22.5	21	52.5
14	before	15	37.5	19	47.5	74	life	30	75	11	27.5
15	begin	22	55	15	37.5	75	little	36	90	29	72.5
16	big	39	97.5	22	55	76	long	40	100	11	27.5
17	bird	36	90	4	10	77	May	33	82.5	18	45
18	black	36	90	17	42.5	78	minute	15	37.5	20	50

177

19	boat	35	87.5	26	65	79	month	19	47.5	9	22.5
20	book	39	97.5	21	52.5	80	near	30	75	29	72.5
21	box	40	100	39	97.5	81	need	12	30	7	17.5
22	boy	38	95	12	30	82	often	23	57.5	11	27.5
23	bread	16	40	4	10	83	popular	19	47.5	12	30
24	bridge	13	32.5	9	22.5	84	reason	1	2.5	1	2.5
25	brother	36	90	13	32.5	85	red	34	85	11	27.5
26	bus	38	95	29	72.5	86	season	19	47.5	33	82.5
27	busy	39	97.5	30	75	87	see	37	92.5	32	80
28	buy	23	57.5	4	10	88	shout	3	7.5	4	10
29	call	23	57.5	5	12.5	89	show	27	67.5	24	60
30	car	40	100	24	60	90	something	18	45	20	50
31	child	36	90	26	65	91	sometimes	14	35	18	45
32	clean	29	72.5	29	72.5	92	speak	36	90	37	92.5
33	cold	31	77.5	9	22.5	93	spring	39	97.5	32	80
34	color	21	52.5	22	55	94	stand	29	72.5	14	35
35	come	35	87.5	11	27.5	95	stay	32	80	33	82.5
36	dangerous	12	30	13	32.5	96	think	31	77.5	5	12.5
37	daughter	10	25	7	17.5	97	thirty	31	77.5	5	12.5
38	December	14	35	25	62.5	98	thousand	22	55	14	35
39	deep	27	67.5	22	55	99	train	33	82.5	12	30
40	desk	40	100	38	95	100	usually	12	30	13	32.5
41	different	7	17.5	9	22.5	101	wait	14	35	10	25
42	difficult	28	70	26	65	102	walk	36	90	24	60
43	dinner	39	97.5	35	87.5	103	wall	20	50	6	15
44	drink	27	67.5	27	67.5	104	want	33	82.5	26	65
45	early	20	50	10	25	105	warm	18	45	7	17.5
46	earth	10	25	2	5	106	wash	40	100	23	57.5
47	east	3	7.5	6	15	107	watch	37	92.5	31	77.5
48	easy	22	55	30	75	108	water	37	92.5	17	42.5
49	eat	39	97.5	34	85	109	week	38	95	26	65
50	face	33	82.5	22	55	110	white	28	70	6	15
51	fall	30	75	3	7.5	111	why	35	87.5	14	35
52	family	40	100	21	52.5	112	window	39	97.5	31	77.5
53	famous	38	95	28	70	113	winter	28	70	28	70
54	foreign	5	12.5	6	15	114	word	21	52.5	9	22.5
55	forget	14	35	10	25	115	work	27	67.5	11	27.5
56	forty	25	62.5	25	62.5	116	world	35	87.5	4	10

57	four	33	82.5	25	62.5	117	write	30	75	9	22.5
58	great	19	47.5	6	15	118	young	40	100	18	45
59	happen	4	10	4	10	119	yours	33	82.5	5	12.5
60	hear	13	32.5	14	35						

　視覚語彙と聴覚語彙の正答率及び比率は、以下の表 2 の通りとなった。

表 2.　視覚語彙と聴覚語彙の比率

視覚語彙の正答率	66％
聴覚語彙の正答率	43％
視覚語彙数：聴覚語彙数＝1：0.65	

2.6　考察

　視覚語彙の調査については、生徒は 1 つ 1 つの単語を文脈もなしに意味を思い出しながら解答し、また後で思い出しても解答できないため、正答率は、66％と低い結果になった。聴覚語彙に関しても、文脈もなく 1 回しか聞けないため、正答率は 43％と低い結果になった。

　中学校 3 年生に対して、ある程度まとまった脈絡のある文章を使って、リスニングとリーディングの理解度を調査したものに、田鍋（1986:2）の例がある。その結果によると、リスニングとリーディングの理解度の比は、1:0.64 である。今回の調査結果である、1:0.65 と近い値になっているのが興味深い。

　斎藤（1982:5）は、聴覚語彙は、視覚語彙に比べると問題にならないほど小さすぎることを指摘し、リスニング指導の充実を訴えている。中学校 3 年生の段階で、生徒がもつ視覚語彙数と聴覚語彙数には既に大きな差ができているようである。

　この調査で、聴覚語彙の中で視覚語彙の正答率 66％を上まわる単語が以下の 26 語あった。

again（82.5％）apple（87.5％）bag（77.5％）beautiful（97.5％）box（97.5％）bus（72.5％）busy（75％）clean（72.5％）desk（95％）dinner（87.5％）drink（67.5％）easy（75％）eat（85％）famous（70％）help（70％）interesting（90％）little（72.5％）season（82.5％）see（80％）speak（92.5％）

spring（80％）stay（82.5％）watch（77.5％）window（77.5％）winter（70％）

　これらの単語は、聴覚語彙として定着していると思われるが、次のような指導を受けてきた単語である。

⑴ 1年生の初めに絵入り単語カードを使って何度も聞いたり読んだりしている。

⑵ 文型練習（一般動詞、受動態、不定詞などの学習）で何度も使っている。その際、状態や動作を示す絵を使って練習している。

　つまり、物を示す絵、状態、動作、場面を示す絵を用いて何度も練習してきたため、音声と意味、音声と文字、音声と意味が結びつき、視覚語彙としてのみならず聴覚語彙として定着したと思われる。

　総合的な英語の学力（リスニングテストを含む3回の実力テスト）と視覚語彙、聴覚語彙との関係は、以下の表3に示す通りとなった。

表 3.　学力と聴覚語彙、視覚語彙の関係

学力	聴覚語彙の平均	視覚語彙の平均
上位群（13 人）	59.46	93.69
中位群（13 人）	51.23	77.85
下位群（13 人）	43.15	69.92

学力と聴覚語彙の相関　$r = 0.52$　　学力と視覚語彙との相関　$r = 0.81$

　学力が高いほど、視覚語彙数、聴覚語彙数とも多い傾向がある。

　聴覚語彙を多くもつ生徒は、視覚語彙も多くもっているのか調べると、生徒のもつ聴覚語彙数と視覚語彙数の関係は、次の表4に示す通りとなった。

表 4.　聴覚語彙と視覚語彙の関係

聴覚語彙	聴覚語彙の平均	視覚語彙の平均
上位群（13 人）	64.9	93.1
中位群（13 人）	49.5	73.1
下位群（13 人）	36.6	68.4

聴覚語彙と視覚語彙との相関　$r = 0.64$

聴覚語彙を多くもつほど視覚語彙も多くもっている傾向にある。

　現状として、私たちが学力評価の材料の 1 つとして使っているテストの成績がよい生徒は、聴覚語彙、視覚語彙とも多くもっているという結果であった。

3.　まとめ

　吉沢（1969）は、生徒にとってある単語がやさしいか難しいかに影響を与える条件として、⑴生徒の状態、心理に関係すること、⑵単語そのものに関係すること、⑶教え方に関係することの 3 つに大別している。中学校段階においては、生徒が使用している教科書の内容、語彙と彼らが母語としてもっている先駆知識とを考え合わせると、教え方に関する要因が大きいように思える。

　今後の課題として、重点的に指導すべき学習困難性の高い語、実際のコミュニケーションの場面で必要とされる語の選定がある。

第 7 部のまとめ

　第 7 部では、語彙指導について考えた。授業中に語彙指導を十分に行うことは、実際には時間的に難しく、現状として家庭学習に頼り、小テストを行うことで済ませる場合が多い。しかしながら、入門期である中学校 1 年生に対しては、十分に時間を取って実施したい。この部では、中学校 1 年生に対して行った絵入り単語カードを使っての活動の様子と、その効果について報告した。コミュニケーション活動につなげる語彙指導をしたいと考え、絵入り単語カードを使っての指導を 1 年間実践した。多くの語彙をもたない年度の初めには、使うことができる語彙を増やすことを目的として行い、ある程度語彙が増えた 9 月以降には、言語活動を行う前に知識としてもっている語彙を活性化させ、言語活動を行う際にうまく使える状態にしてやることを目的として実施した。絵入り単語カードを用いた語彙指導は、語の意味、綴り、音の 3 つの要素を結びつけ、語彙力の向上に有効に機能することがわかった。

　また、中学校 3 年生の時点では、視覚語彙数と聴覚語彙数の間にはどれく

らい差が生じているのか調査した。日本では、外国語としての英語学習の環境であるため、視覚語彙数と聴覚語彙数の差は、学年が進むにしたがって大きくなっていく。文字で見れば意味はわかるが、文字を見ないで聞いただけではわからない語が増えていく。しかしながら、中学校段階では、なるべくこの差を少なくしたいと考えていた。調査の結果、視覚語彙と聴覚語彙の比は、1：0.65 であった。中学校3年生の段階で、生徒がもつ視覚語彙数と聴覚語彙数には既に大きな差ができていた。

第 **8** 部

中学校の英語教育

Abstract

　英語科の学習指導要領は、改訂されるたびに言語活動の在り方、文法指導観など、変化する事柄が多い。それに伴って、授業を行う教師は、指導方法や指導内容の見直しに苦労する。他の教科に比べ、見直さなければならないことが多くなる原因は、第二言語習得研究が急速に進み、言語習得に関する新たな事実が次々と明らかになっているからであろう。第二言語習得理論の研究成果は、学習指導要領の内容に大きな影響を与えている。第二言語習得理論に即した指導法、指導内容を教師が正しく理解し、授業で実践していけば、生徒は英語学習をよりしやすくなり、その結果、英語力がより効率的に身に付いていくのであろう。

　第8部では、第1部から第7部までで検討した、活動意欲、言語活動、基礎学力、文法指導、リスニング指導、語彙指導などの内容のまとめとして、第1章で現在、英語科の教師が学習指導要領に示された目標を達成しようと努力していること、生徒の現状をまとめた。第2章では、英語授業の中心部分である言語活動について、ペア・グループの形態を使った具体的な活動例を基に、言語能力、人間関係作りなどがより高まっていく言語活動の在り方を検討した。そして、これからの英語教育のより良い方向性を考えた。

中学校の英語教育の現状

1. はじめに

　中学校では、令和3年度より新しい学習指導要領が全面実施され、英語科は大きな転換期を迎えた。指導すべき文法項目の追加、語彙数の増加、小学校で4年間の英語授業を受けた生徒の受け入れ、そして学習指導要領の言語活動に対する考え方の変化など、授業運営に影響を与える多くの要因があった。特に小学校で教科として英語教育が始まったことは、中学校の授業に今までにない変化をもたらした。

　第8部では、第1章で、第1部から第7部までで検討した内容のまとめとして、現在、中学校で英語科の教師が学習指導要領で示された目標を達成しようと取り組んでいる事柄や生徒の実態をまとめ、第2章では、中学校の英語の授業で言語活動を行う際に頻繁に使われているペア・グループ活動の具体的な内容を考察し、今後の中学校の英語教育の方向性を考えたい。

2. 学習指導要領について

　旧学習指導要領（平成24年度から全面実施）が示された際、それまでの学習状況を分析し、「単語や語順など運用能力の基礎となるような事項の定着が十分でない」こと、そのために「学習が進むにつれて段々と能力の差が大きくなっていく傾向がある」ことが問題点として指摘された。そして、学習内容の中で定着しにくい部分を「繰り返して指導し定着を図る」こと、「4技能を総合的に扱う指導」を充実させることが改善策として求められた。また、「文法はコミュニケーションを支えるもの」という新たな視点の文法指導観が示された。また、小学校で外国語活動を経験した生徒たちの受け入れに伴う「小・中の円滑な接続」も新たな課題として示された。

　その中学校の学習指導要領が平成 29 年 3 月に改訂され、新たな学習指導要領が令和 3 年度より全面実施された。旧学習指導要領の下での指導により、問題点として指摘されていた課題は、ある程度改善されたことが認められつつも、新たな課題も提示された。学年が上がるにしたがって英語の学習意欲が低下していること、「話すこと」、「書くこと」の言語活動が適切に行われていないこと、技能統合型の活動が十分行われていないこと、そして小中の連携をさらに充実させる必要があることなどが指摘された。また、授業改善の視点を「主体的・対話的で深い学び」という言葉で示された。

2.1　学習指導要領に示された授業改善の方向性

　学習指導要領が示す英語科の目標は、「外国語によるコミュニケーションにおける見方・考え方を働かせ、外国語による聞くこと、読むこと、話すこと、書くことの言語活動を通して、簡単な情報や考えなどを理解したり伝え合ったりするコミュニケーションを図る資質・能力を育成すること」である。また、学習指導要領では、コミュニケーションを図る資質・能力を育成するために身に付けたい「知識及び技能」、「思考力、判断力、表現力等」、「学びに向かう力、人間性等」の内容を示している。そして、授業改善に取り組む際によりどころとなる「主体的・対話的で深い学び」と関連させながら、指導場面で重要な役割を果たす「言語活動」の在り方、「文法指導観」などを示している。中学校で英語の授業改善を進める際には、次のような事柄に留意している。

2.2　主体的・対話的で深い学び

　学習指導要領では、授業改善の視点を「主体的・対話的で深い学び」という言葉で表現している。中学校では、英語科のみならず、すべての教科で「主体的」な生徒の姿、「対話的」な活動、そして「深い学び」の在り方を明確にし、その実現のためには何が必要であるか研修・研究を移行期間中から始めた。

　英語科では、「主体的・対話的で深い学び」について具体的な授業中の活動や生徒の現れと照らし合わせて考えたとき、第一に検討しなければならないことは、言語活動の在り方であろう。

　生徒に主体的な学びをさせるためには、言語活動を設定する際に、目的意識をもって意欲的に課題に取り組めるように活動意欲を高める工夫をしなけ

ればならない。また、活動後に振り返りの場面を設定し、できるようになったこと、できなかったこと、理解できたこと、わからなかったことなどを確認させ、次の活動への意欲づけをしたい。

　対話的な学びの姿を考えるときに重要になるのは、言語活動を行う際のペア活動やグループ活動の仕方である。他者が用いる語句や表現と自分の考えとの違いに気づき、表現や考えを広めたり深めたりする機会ができるからである。

　さらに、深い学びが起こる場面は、プロジェクト型の活動が多い。学習した表現を繰り返し使用したり、技能間の統合がある活動をしたりする場面が多いからである。

2.3　言語活動と文法観

　旧学習指導要領では、「言語材料について理解したり練習したりするための指導」も言語活動とみなされていた。しかし、現行学習指導要領では、「実際に英語を使用して互いの考えや気持ちを伝え合うなどの活動」と規定している。したがって、生徒に対話例を示しその形式に語句を当てはめて英語で言う活動は、言語活動ではなく、学習活動になる。現行学習指導要領は、「思考力」、「判断力」、「表現力」を伴う活動を重視した。高島（2020: 39）は、「英語を使う必然性があり、その表現の意味と使用場面を生徒が体感できるような課題解決型の言語活動を授業に取り入れていくこと」が英語を使えるようになるためには必要であることを指摘している。学習指導要領と一致した考え方である。

　現行学習指導要領では、文法指導の留意点と同時に文法指導の重要性も示されている。文法指導軽視の風潮は、文法訳読式の授業に対する批判など、その指導法の在り方と関連して存在していた。しかし、文法能力が、コミュニケーション能力を構成する重要な要素であることは確かである。学習指導要領は、コミュニケーション能力の育成に結び付く段階を追った文法指導を実践することを求めた。

　指導方法について、学習指導要領では、「文法はコミュニケーションを支えるものであることを踏まえ、コミュニケーションの目的を達成する上での必要性や有用性を実感させ、さらにその知識を活用させたり、繰り返し使用することで当該文法事項の規則性や構造などについて、気づきを促したりするなど、言語活動と効果的に関連付けて指導すること」と示されている。言

語習得には、言語学習と言語活動を交互に繰り返すことが必要で、「使う中で学びが促進され、知識が詳細化したり変容したりしていく」(和泉, 2020)ことになる。つまり、学習と使用の両面が必要ということであろう。また、学習指導要領では、「語順や修飾関係における日本語との違いに留意して指導すること」や「英語の特質を理解させるために、関連のある文法事項はまとめて整理するなど、効果的な指導ができるように工夫すること」など、旧学習指導要領と同様の文法指導の方法が示された。

　第5部で検討したように、中学校では、1年生に対する文法指導に最も留意している。「小・中の円滑な接続」の問題は、学習意欲の問題にもつながる。「コミュニケーションを図る基礎となる資質・能力」(聞くことによる概要把握能力、積極的に友だちと関わろうとする態度、日本語と英語との語順等の認識力)を活かしながら、小学校では行わない、文法指導を行っていく必要性を感じる。また、近年、小・中の円滑な接続を意識した多くの実践が行われ、ペア活動やグループ活動により文法学習に対する意欲が高まったという報告もされている(池谷, 2012など)。ペア活動、グループ活動は、文法指導でも重要な役割を果たす。

　文構造の学習に関しては、既習の文構造や日本語と比較しながら分析的に学習する場面を増やし、高等学校では日常的に使われている文法用語にも、ある程度触れさせる機会を与える必要がある。旧来の中学校の文法指導では、文法用語をなるべく使わない傾向にあった。そして、語順や日本語との修飾関係など、分析的に深く追求して学習することもあまりしなかった。文法を利用してコミュニケーションができる能力と同時に、文構造をしっかりと理解して明示的な知識を得ることができる学習活動も必要であろう。このことは、「中・高の円滑な接続」にも関係すると思われる。高等学校で高度な文構造を学習する際には、文法用語が学習の支えとなるためだ。

　中学校では、学習した構文が自己表現活動や対話活動の中で使われる必然性を感じる活動を増やそうと努力している。つまり、言語形式とそれが表す意味、そして、それが使われる場面の3つを意識できる活動である。第二言語習得研究(e.g., Doughty, C. and E. Varela, 1998)でも、「ある文法項目は、それが使われる場面や状況の中でコミュニケーションを意図して使われることを通して習得され、教室で言語活動をする際には、意味に焦点を当てて活動させると同時に言語形式にも注意を向けさせる必要がある」ことを明らかにしている。それに伴い、「フォーカス・オン・フォーム」という言葉

で示される様々な指導方法が提案された（e.g., 泉，2009：村野井，2006：高島，2011）。言語活動では、適切な場面設定をし、その中で意味と同時に言語形式にも注意を向けさせながら活動に取り組めるようなタスクを工夫していくことが必要であろう。現在、タスク活動を授業に取り入れるべく、アクティブ・ラーニングの理念に基づくペア活動、グループ活動を取り入れた言語活動を多くの教師が試みている。

2.4　4技能の扱い

　学習指導要領の大きな変化の1つに4技能の扱いがある。「聞くこと・話すこと」、「読むこと」、「書くこと」というように4技能3領域という考え方を示していた時代がかつてあった。その後、「聞くこと」、「話すこと」、「読むこと」、「書くこと」というように4技能4領域になり、「聞くこと」が1つの独立した領域となった。いずれにしても音声優先という考え方である。今回は、「聞くこと」、「読むこと」、「話すこと」、「書くこと」に提示順序が変更され、音声優先という考え方から理解優先という考え方に変わった。そして、「話すこと」の技能は、「やり取り」と「発表」というように2つの領域に分けられた。

　全国学力・学習状況調査から、「話すこと」の技能に関しては、「情報や考えなどを即興でやり取りしたり、相手の発話の内容を踏まえて、それに関連した質問や意見を述べたりすること」、そして「与えられたテーマについて考えを整理し、まとまりのある内容を話すこと」に課題があるとされた。中学校では、「即興性」に着目し、指導方法や活動内容を工夫している。具体的には、対話活動のトピックを、自己関与度が高いものにし、準備なしで話す活動やスモールトーク・チャットを帯活動で設定している。また、対話で使うストラテジーを定期的に指導し、インタラクションをもたせるために授業中の指導を英語で行うなど、クラスルーム・イングリッシュを日常化している。

　現行学習指導要領は、旧学習指導要領と同様に、4技能を総合的に使う活動を積極的に実施することを求めている。具体的な指導の方向性としては、「聞くこと」、「読むこと」の活動を「書くこと」、「話すこと」の活動に連結させることを促し、特に「書くこと」の活動時間を増やしたいとしている。小学校の授業では、音声として多くの英語表現に接する機会が設けられているが、中学校では、それらの表現をさらに文字として学習する機会が必要と

される。複数の技能を統合して使う活動としては、「プロジェクト型学習」を活用すべきだと考えている。現行学習指導要領に基づいた教科書には、show and tell、speech、debate などの「プロジェクト型学習」の単元が多く設定されている。複数の技能を使う活動が言語学習に効果的である要因の1つとして、高塚（2014）は、1つの技能から別の技能に移るには、言語を短期記憶に保持しなければならず、それが言語の気づき（noticing）や言語の取り込み（intake）を促すことを指摘している。第二言語習得研究の成果は、教育現場に大きな影響を与えている。

2.5　語彙指導

　第7部で考察したように、教科書に載せられる語彙数は、過去2回の学習指導要領の改訂に伴って大幅に増加した。平成24年度の改訂の際には、小学校で外国語活動が導入されたこと、中学校で週の授業時数が3時間から4時間に増やされたことに伴い、中学校3年間で使われる語彙数は、900語程度であったものが1,200語程度に増えた。そして、令和3年度から全面実施された現行学習指導要領では、小学校の授業で扱った600語〜700語に1,600語〜1,800語程度を加えた語を学習するとされている。したがって、教科書で使用される語彙数は、1,200語程度であったものが、最大で2,200語を超えることになった。その結果、生徒への負担はたいへん大きなものになっている。

　この2,200語の語彙は、視覚語彙（見て意味がわかる語）、聴覚語彙（聞いて意味がわかる語）、口頭語彙（話すときに使える語）、作文語彙（書くときに使える語）の合計である。語彙の仕分けは、学習指導要領では示されていないため、教師の仕事になる。

　授業における語彙指導は、体系化、組織化しにくく、フラッシュカードで単語を生徒に示し、発音の仕方や意味を確認する程度で終わりという現状があった。不十分さを補うために単語学習は課題とし、家庭学習に委ねる部分が多かった。しかし、「書くこと」を中心とした中学校1年生への「書くこと」を中心とする語彙指導は、その後の英語学習がうまくいくかどうかを大きく左右するほど重要だ。単語の意味や読み方がわからないことが文の正しい理解や言語活動を阻害し、その後の学習意欲を失わせ、その結果、英語嫌いをつくってしまう。したがって、中学校1年生の1学期の段階では、書くことも含めたていねいな語彙指導を授業中にある程度時間をかけて行う必要

があると感じている。

3.　基礎学力

　第3部で検討したように、英語の基礎学力を定着させることは、以前から重要な課題とされ、そのため様々な学習活動、言語活動が授業で行われてきた。しかし、生徒に英文を書かせてみると、学習した内容の定着率は驚くほど低かった。基本文の語順や語形変化が曖昧で、単語の綴りも不正確だった。また、ある特定の文法項目を学習した直後に、その文法項目に関する穴埋め形式や書き換え形式の筆記テストを実施すると、ある程度は対処できるが、ターゲットとなる文法項目が複数にわたる筆記テストをすると、かなり誤りが目立った。自己表現に関わる英文を書かせるといっそう誤りが増えるという実態もあった。そして、「学習した文型や表現の中から、その場面に適するものを選んで使いこなせない」という問題点も指摘された。「書くこと」という技能面から見た問題点を英語教師たちは、「基礎学力が定着していない」という言葉で表現することが多かった。

　中学校では、「聞くこと」、「話すこと」に重点を置いた口頭による対話活動を多く実施する傾向にある。その結果、「対話活動の流暢さばかりを強調しすぎるあまり、言語使用時の正確さを合理的に高めてこなかった」（田中，2001）という問題点も指摘された。「聞くこと」、「話すこと」の活動にあたり、「書くこと」を通じて「正確さ」に注意を向けさせる活動が不十分であったことが反省点として挙げられる。学習指導要領は、語順、語形変化など「基礎・基本の定着」と関わりが深い「文法指導」の改善を求めた。そして、「文法については、コミュニケーションを支えるものであることを踏まえ、言語活動と効果的に関連づけて指導すること」という視点が示された。

　実態として、生徒は、1年生の1学期の時点で早くも混乱し始める。小学校と違って、学習した表現を応用して自分のことや友達のことなどを書くことによって表現しなければならず、be動詞と一般動詞、名詞の単数複数を使い分け、三人称単数の主語を理解して動詞を変化させることに対応できなくなってくるのである。

　英語教師は、それらの困難を克服するために努力している。基礎基本の定着に対する対策の1つとして、基本文を暗唱する活動を帯活動に設定してい

る教師が多い。帯活動として設定するのは、繰り返し指導して定着を図るというねらいのためである。「基本構文や定型表現をしっかりと頭の中にインプットし、必要に応じて取り出していける力を基礎学力ととらえる」考え方もある（齋藤，2003）。アンケート結果（岩本，2016）から考察すると、暗唱活動は生徒たちに受け入れられている。多くの生徒たちは、暗唱活動に対して「課題に対する価値」を感じている。また、プロジェクト型の学習を定期的に実施し、その過程で学習したことを総合的に使用させ、基礎学力の定着を図っている。授業での英語学習の過程は、「習得」、「活用」、「応用」の3段階を意識して行っているが、基礎学力を身に付ける「習得」の段階を大切にしたい。

4.　学習意欲・活動意欲

　第1部で考察したように、生徒が生き生きと授業に取り組めるように授業改善をする努力を教師は絶えず行っている。しかし、様々な調査結果は、中学校に入学して1年も経たないうちに生徒の英語に対する学習意欲が急激に低下していることを示している。小学校で英語の授業が開始されてからも、中学校に入学した時点で既に英語学習に対して苦手意識をもつ生徒がいる。

　そのような状況の中、英語科では言語活動の在り方がいっそう問われた。言語活動はコミュニケーション能力の育成と関わりが深く、英語の授業では、ペアで行う対話活動、グループで行うタスク活動などに多くの時間を使っているためである。そして言語活動の設定に際しては、「どのようにすれば生徒の活動意欲を向上させることができるのか」が重要な課題として取り上げられた。

　活動意欲に関する調査結果は、言語活動を設定する際に生徒を意欲的に取り組ませるための視点として、「活動の課題は適度な困難度をもっているか」、「課題のトピックは生徒にとって自己関与度が高いものか」、「活動を一緒に行うパートナーとの関係は良好であるか」という「課題の難易度」、「トピックの自己関与度」、「活動をする相手との関係」の3つの視点を重視することが望ましいことを示している（廣森，2007 など）。生徒の学習動機は、本来、自分の将来のため、つまり自己実現のためにある。しかし、活動の中に満足できる要素がないと生徒は意欲的に学習に取り組まない。生徒が意欲的に活動に取り組めるよう工夫をすることと同時に、その活動を確かな基礎

力の定着につながるものにすることが教師には求められている。

5.　ペア・グループ活動

　中学校の英語の授業では、ペア活動、グループ活動が頻繁に行われている。特にペア活動は、毎時間と言っていいほど行われており、コミュニケーション活動の基本である。この活動がうまく機能すれば学習の効果は飛躍的に伸びる。また、グループ活動は、協同学習に関わる要因を含め言語活動に必須のものである。ペア活動・グループ活動は多くの利点があり、中学校では、これらの活動を授業にうまく取り入れる努力をしている。

5.1　ペア・グループ活動の利点

　小集団活動の利点は、多くの研究者や教師（e.g. Tsui, 1995；萩原・久保野，2021）が指摘しているように一斉授業に比べて個人の活動量が増えることや、発言が教師によって評価されるというプレッシャーがないので自由に発言できる雰囲気があるということにある。また、Tsui（1995:90）は、小集団の自由な雰囲気の中では、生徒を自分の考えがたとえ十分に整っていなくても発言しようと思ったり、文法的に正しいかどうか自信がなくても発言しようと思ったりする気持ちにさせることを指摘している。そして、生徒のピア（共に活動する生徒）に対する受け答えは、教師に対する受け答えよりもより複雑な構文を使ったものになっていることを明らかにしている。したがって、ペア・グループ活動は、発話量だけでなく発話の質にもよい影響を与えていることになる。

　協同学習の要素を取り入れたグループ活動については、多くの成果が報告されている。活動意欲に関して、吉田・清水（2017）は、協同的な活動場面を仕掛けることで、英語を苦手としている学習者も課題に対して取り組もうとする姿勢が見られたことを報告している。また、岩中（2014）は、協同学習は、自己決定理論が想定する自律性の欲求、有能性の欲求、関係性の欲求という3つの心理的な欲求を充足する可能性があることを指摘している。活動に対する動機づけの面でグループ活動は効果が期待できる。

5.2　ペア・グループ活動に影響を与える要因

　ペア活動やグループ活動に影響を与える要因の1つに、英語の習熟度の違

いが挙げられる。このことは、経験から多くの教師が感じていることである。ペア活動におけるペアを組む相手の習熟度の影響について検証した伊藤（2012）は、上位者は相手の英語習熟度に影響されないが、初級者は上位者と組む方が発話量、課題解決数が多くなる傾向があることを報告している。この要因に加え、松村（2012）は、習熟度の違い以上にグループのメンバー間の平等と相互性が大きな要因になっており、活動中にメンバー間に力関係がなく、互いに発言の機会や発言内容を尊重する風土があることが重要であることを指摘している。

　学習者の要因の他に、課題の与え方や取り組み方の違いによってもグループ活動による学習成果は影響を受ける。加藤（2019）は、グループ活動を使った授業を「協同志向の授業」と「協働志向の授業」の2種類に分類している。「協同志向の授業」は、課題を学習者間で分業し、言語スキルだけでなく社会スキルの習得を目標とする。これに対して、「協働志向の授業」では、課題の分業が示されず、学習者間の特性を活かしたダイナミックな関わりが期待され、学習者には、自律的で積極的な関わりが求められるものとされる。

　ペア活動やグループ活動を有効に機能させるためには、授業目標に応じて課題の種類や指示の出し方、さらにグループ編成の仕方も変える必要がある。タスクベースの授業は、ペア活動やグループ活動を利用する場合が多いが、一方でEllis（2003）が指摘するように、学習者が個々に活動したり教師中心の活動をしたりすることによって学習が効率よく行われる場面もあることに留意しなければならない。生徒の習熟度や状況に応じて活動形態を選択していくことはとても重要である。

6.　小学校の英語授業の影響

　小学校では、令和2年度より第3学年、第4学年で外国語活動が、第5学年、第6学年で外国語科の授業が始まった。小学校で4年間の英語学習を経験してくる生徒を受け入れる中学校では、それに対応して英語の授業を今までとは変えなければならない。第5部で検討したように、小学校の英語授業の開始は、中学校の英語教育に大きな影響を与えることになった。

6.1　小学校での「読むこと」、「書くこと」の指導

　小学校で外国語科の英語授業が始まってから、中学校へ入ってくる生徒の実態が変わった主な要因は、小学校で新たに加わった、「読むこと」、「書くこと」の指導、そして文法指導であろう。小学校の授業目標や内容は、中学校の前倒しではないので、中学校の教師は小学校の指導内容を十分に理解しにくい。小学生が触れている表現は中学校で学習するどの部分に関連しているのか、またどのような知識、技能を身に付けているのかを正しく理解する必要性を中学校の教師は感じている。

　学習指導要領の小学校外国語に示された目標、内容などから読み取れることとして、「読むこと」に関しては、活字体で書かれた文字を見て、発音することができる能力、身近で簡単な事柄の内容が示された掲示やパンフレットなどから自分が必要とする部分を読み取る能力、そして対話活動で十分に慣れ親しんだ語や表現を絵本などの文章の中から識別する能力である。したがって、中学校で行っている読むことによって初めて出会う文章の概要や要点をとらえる指導は行っておらず、また、初めて出会う英文を独力で音読する活動もしていないことになる。

　「書くこと」に関しては、大文字、小文字を活字体で書く能力、対話活動などで十分に慣れ親しんだ簡単な単語や表現を書き写す能力、そして音声で十分に慣れ親しんだ表現を使った例文を参考にして自分のことや身近なことを簡単に書く能力である。小学校では、書き写すことが基本であり、中学校で行っている自分に関することや身の回りことを書くことによって表現する活動はほとんど行っていないことになる。したがって、中学校 1 年生に対する「読むこと」、「書くこと」の指導は、小学校で出会った表現をもう一度活用し、別の場面で使えるように練習していくことが必要であろう。事例基盤知識を利用しながら、規則基盤知識を使う練習をしていくことを心がけたい。

6.2　小学校での文法指導

　学習指導要領の小学校外国語の中の「2　内容」に示された、語、連語及び慣用表現、文及び文構造についての指導事項は、中学校で学習する内容と重なる部分が多い。文の基本である単文、肯定文、否定文、命令文、助動詞の can、動名詞、Wh- 疑問文の一部に触れている。文構造では、SV、SVC、SVO の構文に触れている。しかし、文構造については、中学校で行

う文法指導のように名詞、動詞といった文法用語を使った明示的な文法説明はほとんど行っておらず、対話など、意味あるコミュニケーション活動の中でそれらを使った構文に何度も触れさせたり、日本語との語順の違いを意識させたりする指導に重点が置かれている。

　文法指導についての先行研究では、小学生の英語構文に関する知識を調査した、江口・犬塚（2021）がある。小学校第5学年の児童について、「意味あるコミュニケーションの中で、繰り返し聞いたり話したりする体験を通して語順の規則性などに意識を向けさせるという指導は、動詞、名詞といった用語を使わずに自分が知っている用例を示しながら工夫して規則性を説明しようとする記述が見られた」と報告している。また、小学校第6学年の児童に対して語順への気づきの授業実践を行い、語順テストを実施してその結果を分析した、畑江・米田（2018）は、「英語と言語学的距離の遠い日本語を母語にもつ日本人小学生の初期文法指導は、意味ある文脈の中で、コミュニケーション活動と効果的に関連づけながら、英語と日本語との文構造の違いを理解させることから始めるべきである」と指摘している。

　小学校では、文法用語を使った明示的な文法説明はほとんどされていないが、意味あるコミュニケーション活動を行う中で、日本語との語順の違いを意識する段階まで学習していることになる。そしてその目的はある程度達成されている様子がうかがわれる。

　語に関しては、小学校第3学年、及び第4学年で行われた外国語活動で使用した語も含めて600〜700語程度を使用するとしている。小学校での活動内容を考えると、ほとんどの語が聴覚語彙と視覚語彙の段階にとどまり、繰り返し対話活動で使った語が口頭語彙、その中の一部が作文語彙として身に付いていると推測される。

　このような小学校の「書くこと」、「読むこと」の指導や文法指導の実態と、生徒がそれによって身に付けた力を正しく理解し、中学校の英語授業を考えなければならない。

第**2**章

中学校の英語授業で実践されている ペア・グループ活動

1. はじめに

　中学校の英語の授業では、言語活動を行う際に、ペア・グループの活動形態が頻繁に使われている。平成29年度静岡県教育研究会英語研究部夏季研究大会で研究発表をする際に、A市8校の中学校よりペア・グループ活動の実践事例を提出していただいた。その実践例の中から、4技能に関連した主なものをいくつか紹介したい。まとめの形式として、「活動のねらい」、「手順」、そしてその「活動に対する考察」の順にまとめたい。

2. 言語活動を支える基礎・基本の定着のための活動

(1) ねらい：基本文を暗唱する。

(2) 手順

　多くの英語科教員は、授業の中に基礎・基本の定着のための活動を帯活動として設定している。学習指導要領の「繰り返して指導し定着を図る」という基本理念に一致した活動であろう。特に、基本文を暗唱する活動は、「インプット活動」と呼ばれ、20年以上前から知られていた。使用する教材も日本語を英語にするもの、英語で質問してそれに答えるもの、文法形式に関するものなど様々である。中でも、ペアで一方が日本語を言い、他方が英語にする形式の活動が多い。

　① 全体で英文を音読（コーラスリーディング）する。
　② ペアになり一方が日本語を言い、それを聞いた他方が英文にする。
　③ 正しく暗唱できていればワークシートの評価の欄に○を記入する。

④ 交代して同じ活動を行う。

(3) 考察

　アンケート調査結果によると、生徒は基本文の暗唱活動は、英語の基礎力を身に付けることができると考え、活動に対する価値を感じていた。また、4技能の中では、「書くこと」、「読むこと」に役に立つと感じていた。学習のよりどころを見つけにくい英語学習が不得意な生徒たちにも支持された。

3.　ペア・グループを活用したリスニング活動

(1) ねらい：自分のリスニングの過程を振り返り、理解に至るまでの過程を確認する。

(2) 手順

　グループ活動を取り入れた聞き取り練習は、「プレリスニング段階を設け、聞き取り活動の課題を示し、メモを取りながら聞くように指示する」、「英文を2回聞かせる」、その後、生徒は「どのような文や単語から判断して答えを出したかを話し合うグループ活動を行う」、「グループ活動の後でもう1度英文を聞かせる」、そして生徒は、「1回目の聞き取り活動で記入した解答を修正する必要がある場合は他の色の鉛筆で書き込む」という手順である。

① Pre-listening 活動（リスニングポイントの提示）
② 個人での1回目の聞き取り活動（メモをとる。解答を記入する）
③ グループ活動（メモをもとに話し合う）
④ 個人での2回目の聞き取り活動（不明な部分に注意して聞き取る。修正、訂正をする）
⑤ 解答の確認

(3) 考察

　リスニング活動にグループ活動を取り入れることにより、自分のリスニング結果のみならず、リスニングの過程に注意を向け、自分の理解の仕方を客観的に認識するための活動になると考えた。つまり、グループ活動で自分が

出した解答は、聞き取ったどの単語や文から判断した結果なのかを話し合うことを通して、自分のリスニングの過程を振り返り、理解に至るまでの過程を確認することができると考えた。グループ活動は、リスニングの過程に注目させ、いわゆるメタ認知能力を高める訓練の活動になると思われる。

4.　ペア・グループを活用したライティング活動

(1) ねらい：質問に対して答える力を付ける。

(2) 手順

　サークルペーパーの活動である。新しく学習した文法項目を定着させるために、「聞くこと」、「話すこと」の技能を使って対話練習を行う。その後、さらに「書くこと」の活動を取り入れ、運用能力をいっそう高めようとした試みである。グループ活動を通して仲間の考えを知ることができ、活動に必然性が備わる。

①　今日の文法事項の欄に指定された内容を書く。
②　質問欄に質問事項を書く。
③　グループの隊形になる。
④　自分の右側の人に用紙を渡す。
⑤　質問に対する答えを書く。
⑥　用紙を右側の人に渡す。
⑦　⑤、⑥を繰り返す。
⑧　自分の用紙が手元に戻ったら教師が示す指示にしたがってグループの仲間が書いた英文をチェックし、間違いがある場合は、該当生徒に知らせる。

(3) 考察

　サークルペーパーの活動では、英語が得意な生徒たちは基本文を使って自分が知りたい質問を比較的簡単に書くことができるので、グループの仲間の答えに興味をもち、言語形式よりも意味内容に意識が向いていた。英語が不得意な生徒たちは、質問に対する答えを何度も書くことになるので、新出の文法項目の定着に効果的であった。グループで用紙を回しながら質問に答え

るこの活動では、活動中に自然に教え合いの姿が見られ、グループ活動の効果がよく現れた。

5.　ペア・グループを活用したリーディング活動

(1) ねらい：外国人向けに書かれた神社、寺についての英文を読むことができる。

(2) 手順

　① 教科書本文の英文の復習をする。（全体）
　② 各グループに東福寺についてのパンフレット（英文）を配布する。
　③ 辞書を使いながらお互いに教え合い、日本文に翻訳する。
　④ 英文の内容に対する質問に答える。

(3) 考察

　中学校3年生を対象にした学習である。教科書で京都、奈良の神社、寺、歴史に関する英文を読んだ直後の学習であったため、生徒の興味・関心は高かった。また、英文が本物のパンフレットの英文であるため、いっそう意欲的に読むことができた。

　英語が得意な生徒は、難易度の高い英文を読み取ろうと意欲的に取り組んだ。あまり得意でない生徒は、教科書や辞書を調べる役割をグループの中で果たしていた。また、歴史が得意な生徒は、その知識を生かして日本語に翻訳する際に活躍した。

6.　ペア・グループを活用したスピーキング活動　Ⅰ

(1) ねらい：指定された言語材料（文法項目）ではなく、既習の構文を使って会話ができるようになる。

(2) 手順

　① テーマを確認する。

② つなぎ言葉、会話を継続する言葉を確認する。
③ テーマに沿って 1 分間会話をする。
④ ペアを変えさらに 3 回、1 分間の会話を行う。

(3) 考察

　この活動は、授業の帯活動として位置づけ、毎時間行っている。この活動を通して、生徒の言語使用の正確さと流暢さの両面が育っている。また、この活動を続けることで、「話すこと」の技能のみならず、「聞くこと」、「書くこと」の技能も伸びているように感じる。

　活動の前に「どうすれば会話が続くだろうか？」と改めて問い、質問や感想を積極的に出すことの大切さを意識させている。このことは、自分の活動の実態を振り返らせ、メタ認知能力を高めることにも寄与している。

7. ペア・グループを活用したスピーキング活動　II

(1) ねらい：指定された言語材料（文法項目）ではなく、既習の構文を使って即興で会話ができるようになる。

(2) 手順

① テーマを確認する。
② 1 人が今日のテーマ（語句）を黒板に貼られたカードで確認する。（もう一方の生徒は見えない）
③ 共に起立して一方の生徒がテーマについて英語で話す。
④ もう一方の生徒は、その英語を聞いて、テーマについて英語で質問し確かめる。
⑤ 1 分間後に終了する。
⑥ 交代して同じ活動を行う。

(3) 考察

　この活動で生徒たちは 1 分間という時間制限があるため、積極的に言語活動に取り組んだ。事前に準備しなくてもその場で考えた英語を使うことに慣れていった。取り組む姿勢として、言語形式に多少の間違いがあっても気に

しないで内容面に意識を向けて活動していた。今後、言語使用の正確さを高める工夫をしていけばさらに充実した活動になると思われる。

8. ペア・グループを活用した複数の技能を統合した活動（プロジェクト型の活動）

(1) ねらい：英語で尊敬する人についてスピーチすることができる。（3 年生）

(2) 手順

① 学習の見通しをもつ。
② 尊敬する人を決め、構想を練る。
③ スピーチ練習をする。
④ グループ内で練習し、アドバイスをもらう。
⑤ 発表会を行う。
⑥ 活動を振り返る。

(3) 考察

　プロジェクト型の活動は、「〜できる」という形式の目標を教師と生徒が共有するところから始める。知識・技能の「習得」、「活用」、「探求」という学習の過程を経るとともに、4 技能を使った総合的な活動になる。また、学習過程の中に「対話」があり「深い学び」ができ、その結果、主体的な学習態度が身に付いていく様子がうかがえる。アンケート調査結果より、3 年間継続して取り組むことで確かな表現力と思考力も身に付いていくことがわかった。

9. 活動のまとめ

　8 校の中学校から提出されたレポート内容から、ペア・グループの形態を使って行った活動の成果と課題をまとめたい。

(1) 成果

① 活動形態を工夫することで、あらゆる人と言語活動を行うことができ

る生徒になることがわかった。また、4人組の小集団を取り入れることで、わからないことを気軽に質問したり、協力して活動したりするなど生徒同士のコミュニケーションが深まることがわかった。

② グループ活動で「協働性や多様性を育てる」というねらいをもって活動を構想することで、対話的な学びが行われた。その結果、1人では解決できなかった課題が解決できたり、1人では思いつかなかった考えに気づいたりすることができ、深い学びができた。

③ 3年間、プロジェクト型の活動を継続して行うことで、生徒相互がコミュニケーション能力の向上を感じ取り、言語活動を楽しむ姿が見られるようになった。生徒に単元の終わりでは何ができるようになっていればよいのか見通しがもてるようにさせてやることで、活動意欲が高まり、主体的な学びの姿が見られた。プロジェクト型の活動の過程で、「習得」、「活用」、「探求」という学びの段階を意識的に取り入れ、深い学びができた。英語科で大切にしている自己表現力を高めるためには、プロジェクト型の活動が有効である。

④ グループ活動を使ったリスニング練習は、リスニングの過程に注目させ、いわゆるメタ認知能力を高める訓練の活動になると思われる。リスニング活動にグループ活動を取り入れることを通して、自己のリスニングの過程を振り返り、次の学習につながる学びができた。この活動は、主体的で対話的な学びとなり、1人ではできない学習になった。

(2) 課題

　学び合いの活用に重点を置き、活動のねらいを明確にしてグループ・ペアで言語活動を行うことは、主体的、対話的で深い学びを引き起こす可能性があることがわかった。それと同時に、いくつかの課題も明らかになった。

① グループ・ペアを活用した言語活動のねらいは言語能力の育成のみならず、人間形成に関わることもある。実践報告からもグループ・ペアを活用した活動は、人間関係を築いたり深めたりする効果があることが読み取れた。今後、さらに言語活動を行う際には、どのような課題

を設定すれば、言語能力が高まるのかという視点と同時に、人間関係ができるのか、深まるのかという視点も大切にする必要がある。言語を扱う教科である以上、英語を使って活動をする過程で、人間関係を築くこともねらいに含まれるべきであろう。つまり、学んだ知識・技能を使って思考し、自己表現活動をする中で、人間関係や人間性が高まるような言語活動を構想することが課題として挙げられる。

② 習得のための学習や活動を疎かにすると活用の力は付かない。

2 人の生徒の 3 年間の学習の実態を追跡した調査結果から次のような観察記録があった。

「1 年生のプロジェクト学習の発表の時、大変素晴らしいパフォーマンスだった。2 年生、3 年生と大きく飛躍する可能性を感じた。しかし伸び悩んだ。原因は何だろう。2 人に共通することは、知識・技能の習得段階で努力を惜しんだことであると推測される。2 年生の前半まで、パフォーマンスの結果を過信してしまい、教科書音読、New words の練習、ワークによる復習、授業中の会話練習などがやや疎かになっていた。それらが伸び悩んだ原因だと思われる。だとすれば、活用は習得によって支えられているということが、改めて確認できる。」

習得のための学習や活動に時間をかけすぎているという批判が多い。個々の文法項目の知識・技能の習得のための学習や活動に時間をかけるのではなく、複数の技能を総合的に使い、知識を活用する活動の中で、個々の文法項目を習得させるべきであるという考え方である。しかしながら、個々の文法項目の習得のための学習や活動を疎かにすると、活用の力はつかないということであろう。これまでの実践に対する批判は、習得のための学習や活動だけで授業が終わってしまっていることに対するものであると考えたい。習得のための学習や活動の時間の 1 時間の授業の中の位置づけ、単元の中の位置づけをしっかり考えたい。

第 8 部のまとめ

英語教育は、変化が激しい。それは、第二言語習得研究が日々発展し、言語習得に関する新しい事実が明らかになってくるからであろう。それに伴い、学習指導要領に示される目標や文法指導観、そして言語活動に対する考

え方などが変化した。また、小学校で英語教育が開始されたことやデジタル教科書が使用され始めたことなど、授業を行う教師は、その都度それらに対応するため十分な研修が必要となった。今後も新たな事実に基づいて指導の在り方は変化していくであろう。

　生徒同士の学び合いに重点を置き、活動のねらいを明確にして、グループ・ペアで行う言語活動を授業で実践することは、主体的、対話的で深い学びを引き起こし、生徒のコミュニケーション能力を高めていく授業になっていくように思われる。複数の技能を総合的に使い、知識を活用する中で、個々の文法項目を習得させることは、大切なことであろう。しかし、個々の文法項目の習得のための学習や活動を疎かにすると、活用の力は付かないことも事実である。それぞれの活動の 1 時間の授業の中の位置づけ、単元の中の位置づけをしっかりと考えていくことが必要であろう。今後も授業をする中で、さらに問題点や疑問点が生じてくると思われる。教師にとって授業改善は、終わりのない仕事であろう。

論文初出一覧

第1部
「コミュニケーション活動への意欲を高める要因」
　　『中部地区英語教育学会紀要』　第 38 号、(2009)
「グループ編成の仕方が活動意欲に与える影響」
　　『中部地区英語教育学会紀要』　第 41 号、(2012)

第2部
「中学生が難しいと感じる文法項目」
　　『中部地区英語教育学会紀要』　第 39 号、(2010)
「中学生が難しいと感じる文法項目 (II)」
　　『中部地区英語教育学会紀要』　第 40 号、(2011)

第3部
「基礎学力を定着させるための暗唱活動の効果」
　　『中部地区英語教育学会紀要』　第 37 号、(2008)
「書く基礎力をつけるための暗唱活動」
　　『中部地区英語教育学会紀要』　第 45 号、(2016)

第4部
「Dictogloss を取り入れた文法指導」
　　『中部地区英語教育学会紀要』　第 33 号、(2004)
「中学校の英語の授業で Dictogloss が果たす役割」
　　『中部地区英語教育学会紀要』　第 42 号、(2013)
「Dictogloss が文法能力に与える影響」
　　『中部地区英語教育学会紀要』　第 43 号、(2014)

第5部
「コミュニケーション能力の素地を生かした中学校 1 年生に対する授業」
　　『中部地区英語教育学会紀要』　第 46 号、(2017)

第6部
「リスニングによる概要把握指導—リスニングポイント設定の原理—」
　　『中部地区英語教育学会紀要』　第 24 号、(1994)
「リスニングによる概要把握指導—リスニングポイント設定の原理—(II)」
　　『中部地区英語教育学会紀要』　第 25 号、(1995)

「Pre-listening 活動の効果」
　　『中部地区英語教育学会紀要』　第 26 号、（1996）
「リスニングによる概要把握指導―リスニングポイント設定の原理―(III)」
　　『中部地区英語教育学会紀要』　第 27 号、（1997）
「教科書を使ったリスニング指導」
　　『中部地区英語教育学会紀要』　第 29 号、（2000）
「リスニングによる概要把握指導―グループワークを取り入れて―」
　　『中部地区英語教育学会紀要』　第 30 号、（2001）
「リスニングによる概要把握指導―グループワークを取り入れて（II）―」
　　『中部地区英語教育学会紀要』　第 31 号、（2002）
「教科書のコンテクストを使ったリスニング練習」
　　『中部地区英語教育学会紀要』　第 36 号、（2007）

第 7 部
「視覚語彙数と聴覚語彙数の差」
　　『中部地区英語教育学会紀要』　第 22 号、（1992）
「コミュニケーション活動につながる語彙指導―絵入り単語カードの有効性―」
　　『中部地区英語教区学会紀要』　第 23 号、（1993）

第 8 部
「コミュニケーション能力の基礎を育てる授業の工夫」
　　『平成 29 年度静岡県教育研究会英語教育研究部夏季研究大会発表予稿集』

引用文献

赤坂正志（2021）.「入門期の英語指導を考える―5，6 年生の語彙指導」『新英語教育』9 月号，P.37. 東京：三友社出版.

青木昭六（1989）.『英語授業の組み立て』東京：開隆堂出版.

浅野博（1981）.「どのように教科書を扱うか」『現代英語教育』6 月号，4-6 東京：研究社.

Benesse（2009）.『第 1 回中学校英語に関する基本調査〔教員調査〕』東京：ベネッセコーポレーション.

Brown, G.（1986）. Investigating listening comprehension in context. *Applied Linguistics*. vol.7.3 284-302.

伊達正起（2004）.「ライティングのエラーに対するフィードバックの効果」『中部地区英語教育学会紀要』第 34 号，157-164.

Doughty, C. and E. Varela.（1998）. Communicative focus on form. in Doughty, C. and J. Williams（eds.）*Focus on Form in Classroom Second Language Acquisition*. pp.114-138. Cambridge: Cambridge University Press.

江口朗子・犬塚章夫（2021）.「小学生の英語文構造に関するメタ認知知識の発達」『中部地区英語教育学会紀要』第 50 号，9-16.

江口朗子（2022）.「小学生の英語文構造への気付きとメタ言語知識の発達」『中部英語教育学会紀要』第 51 号，1-8.

Ellis, R.（2003）. *Task-based Language Learning and Teaching*. Oxford: Oxford University Press.

Field, J.（1998）. Skills and strategies: towards a new methodology for listening. *ELT Journal*. vol.52.2. 110-118.

藤生由美子（2000）.『中学英語のコミュニカティヴプラクティス』東京：中教.

萩原一郎・久保野りえ（2021）.「ペアワーク・グループワーク」『英語教育』1 月号，52-53. 東京：大修館書店.

畑江美佳（2015）.「小学校でどのように文字を導入するか」『英語教育』2 月号、40-42. 東京：大修館書店.

畑江美佳・米田奈未（2018）.「小学校高学年における初期文法指導」『四国英語教育学会紀要』第 38 号，29-42.

畑江美佳（2020）.「小学校における書くことの指導」『英語教育』12 月号，24-25. 東京：大修館書店.

平田和人（2009）.「新しい学習指導要領の要点とその目指すところ」『中学校英語新学習指導要領改訂のポイント』東京：学校図書 2-5.

廣森友人（2007）.「タスクに対する取り組みと動機づけとの関連」『四国英語教育学会紀要』第 27 号，1-10.

平敷美恵子（1995）.「英語の聞く力を伸ばす指導法」『STEP BULLTEIN』Vol.7.
　　東京：日本英語検定協会.

本多敏幸（2012）.「長いスパンで帯活動をプランニングする」『英語教育』5 月
　　号，13-15．東京：大修館書店.

池谷聡美（2012）.「小学校外国語活動を踏まえた中学校 1 年生の授業―授業にお
　　ける 5 つの留意点を取り入れた実践―」『平成 23 年度 長期研修 研修報告
　　書』，53-65．静岡県総合教育センター.

池野修（2006）.「Reproducing 活動―そのバリエーションと意義」『四国英語教育
　　学会紀要』第 26 号，59-68.

池野修（2007）.「第 2 言語学習動機づけ研究と英語教育実践」『四国英語教育学会
　　紀要』第 27 号，87-98.

今井典子（2005）.「中学校における正確さと流暢さを同時に高める言語活動の開
　　発とその評価のあり方」『STEP BULLETIN』第 17 回英検研究助成報告書，
　　131-151.

今井典子（2012）.「タスク活動とディクトグロスによる英語運用能力伸長の実証
　　研究」第 38 回全国英語教育学会愛知大会発表資料.

Imai, Y.（2010）. Emotions in SLA: new insights from collaborative learning for an
　　EFL classroom. *The Modern Language Journal, 94,* 278-292.

石濱博之（2008）.「小学校における 35 時間の英語活動が中学校 1 年生の聴解力に
　　及ぼす効果」『中部地区英語教育学会紀要』第 37 号，55-62.

伊東治巳（1993）.「オーラル B の授業をどう組み立てるか」『現代英語教育』7 月
　　号，74-88．東京：研究社.

伊藤隆（2012）. EFL Learners' proficiency differences and their CMC interaction
　　in symmetrical and asymmetrical convergent tasks. *ARELE, 23,* 121-136.

岩本藤男（1990）. Effectiveness of pre-listening activities on listening compre-
　　hension by Junior high school students: an experiment.『四国英語教育学会紀
　　要』第 10 号，69-77.

岩本藤男（1994）.「リスニングによる概要把握指導―リスニングポイント設定の
　　原理―」『中部地区英語教育学会紀要』第 24 号，55-60.

岩本藤男（2003）.「Dictogloss を取り入れた文法指導」『中部地区英語教育学会紀
　　要』第 33 号，215-222.

岩本藤男（2009）.「中学生が難しいと感じる文法項目」『中部地区英語教育学会紀
　　要』第 39 号，311-318.

岩本藤男（2012）.「グループ編成の仕方が活動意欲に与える影響」『中部地区英語
　　教育学会紀要』第 41 号，191-198.

岩本藤男（2013）.「中学校の授業の中で Dictogloss が果たす役割」『中部地区英語
　　教育学会紀要』第 42 号，161-166.

岩本藤男（2016）.「書く基礎力をつけるための暗唱活動」『中部地区英語教育学会
　　紀要』第 45 号，171-176.

岩中貴裕（2014）.「協同学習を取り入れた内容理解重視の授業」『四国英語教育学会紀要』第 34 号，47-56.

和泉伸一（2009）.『「フォーカス・オン・フォーム」を取り入れた新しい英語教育』東京：大修館書店.

和泉伸一（2020）.「SLA の観点からスパイラルな学びについて考える」『英語教育』11 月号，10-11. 東京：大修館書店.

鹿児島金衛（編）（1994）.『生徒のコミュニケーション能力を育成するための言語活動の工夫及び教材の開発に関する研究』埼玉：埼葛中学校英語教育研究会.

甲斐順（2009）. The value of dictogloss for Japanese senior high school students. 第 57 回中村英語教育賞入選論文，開隆堂出版. 2012 年 4 月 29 日検索 http://www.kairyudo.co.jp

金谷憲（編）（1992）.『学習文法論』東京：桐原書店.

加藤由崇（2019）.「言語授業における相互行為」『英語教育』2 月号，70-71. 東京：大修館書店.

木下千広（1991）.「物語文におけるセンテンス予測について」『現代英語教育研究』東京：弓書房.

清田洋一（2011）.「否定的な学習意識を協働学習で変える」『英語教育』2 月号，31-33. 東京：大修館書店.

小谷津孝明（1985）.「注意と記憶」『記憶と知識』東京：東京大学出版.

Kuiken, F. & Vedder, I. (2002). The effect of interaction in acquiring the grammar of a second language. *International Journal of Education Research, 37*, 343-358.

前田昌寛（2008）.「ディクトグロスを用いたリスニング能力を伸ばす指導」『STEP BULLETIN』第 20 回英検研究助成報告書，149-165.

蒔田守・肥沼則明・久保野りえ・植野伸子（2008）.「新学習指導要領に対応した授業作りの工夫」『筑波大学附属中学校第 36 回研究協議会発表要項』，113-128.

松畑熙一（1989）.『自ら学ぶ力を育てる授業』東京：研究社出版.

松井孝志（2012）.「新しい学習文法の検討から見えてくる学習英文法の条件」大津由紀雄（編著）『学習英文法を見直したい』東京：研究社.

松村昌紀（2012）.『タスクを活用した英語授業のデザイン』東京：大修館書店.

丸野俊一・高木和子（1979）.「物語の理解、記憶における認知的枠組形成の役割」『読書科学』第 27 巻 第 1 号，18-26. 日本読書協会.

三浦孝（2007）.「中高英語授業での継続的コミュニケーション活動の運営方」『静岡大学教育学部研究報告（教科教育学篇）』第 38 号，221-242.

三浦孝（2010）.「コミュニケーションのためのペアワーク・グループワークの運営方法」三浦孝・内田恵・矢野淳『確かな力を育てる英語授業ハンドブック』研究成果報告書，102-106. 静岡大学教育学部英語教育講座.

文部科学省（2008）.『中学校学習指導要領』

文部科学省（2019）.『中学校学習指導要領』

村野井仁（2006）.『第二言語習得研究から見た効果的な英語学習法・指導法』東京：大修館書店.

中村博生・廣瀬浩二（1998）.「英語科教育における小集団学習とコミュニケーション活動：中学生の班学習とインターラクション」『コミュニカティブ・ティーチング研究会紀要』第5号，23-31.

中嶋洋一（2006）.「ペア・グループ編成と座席配置の原理」三浦孝・中嶋洋一・池岡慎『ヒューマンな英語授業がしたい』246-258.　東京：研究社.

根岸雅史（2012）.「まとまりのある文章を書くための下位技能」『英語教育』6月号，13-16.　東京：大修館書店.

根岸恒雄（2010）.「友と協力して学び、英語の力を高める」『英語教育』2月号，14-16.　東京：大修館書店.

根本章子（2012）.「中学校における協同学習の効果―ディクトグロスの検証―」『STEP BULLETIN』第24回英検研究助成報告書，107-121.

西尾直美・猪井新一（2012）.「中学生のライティング活動中における過去形の正確性を高めるための修正フィードバックの効果と学習者の習熟度の関係について」『茨城大学教育実践研究』第31号，191-201.

野村幸代・竹本佳奈・笹岡久乃・中越和奈（2021）.「高知県における中学生の書くことの課題」『四国英語教育学会紀要』第41号，27-38.

大井恭子・田畑光義・松井孝志（2008）.『パラグラフ・ライティング指導入門』東京：大修館書店.

太田洋・金谷憲・小菅敦子・日臺滋之（2003）.『英語力はどのように伸びてゆくか』東京：大修館書店.

太田洋・池田紗貴子（2007）.「授業はどのように変わってきたか？―3年間の授業実践の変容を追う」英語授業研究学会関東支部　第140回例会資料.

太田洋（2012）.「帯活動の意味」『英語教育』5月号，10-12.　東京：大修館書店.

大内由香里・望月正道（1991）.「教科書以外のコンテクストを使ったリスニング指導の可能性に関する研究」『英語教育学の視点』東京：三省堂.

斎藤栄二（1982）.「Listening を独立した活動に」『現代英語教育』10月号，4-5.　東京：研究社.

斎藤栄二（2003）.『基礎学力をつける英語の授業』東京：三省堂書店.

酒井英樹（2001）.「中学校における正確さの指導に関する諸問題」『中部地区英語教育学会紀要』第31号，305-312.

白畑知彦（2009）.「小学生の英語熟達度調査」『中部地区英語教育学会紀要』第38号，173-180.

栖原昂（2021）.「マイチェックリストで1学期を振りかえって2学期の授業をパワーアップする」『英語教育』10月号，38-44.　東京：大修館書店.

Swain, M. (1998). Focus on form through conscious reflection. In C. Doughty & J. Wiliams (Eds.), *Focus on form in classroom in second language acquisition*,

64-81. New York: Cambridge University Press.

杉本博昭（2008）.「中学校における学び合いと英語の授業の実際」第38回中部地区英語教育学会長野大会発表資料.

Susan, S. (1987). Listening comprehension: teaching or testing? *ELT Journal*. Vol.41.2. 126-131.

田尻悟郎（2008）.「公立中学の12か月」『英語教育』2月号，46-47．東京：大修館書店.

田尻悟郎（2009）.『英語授業改革論』東京：教育出版.

田尻悟郎（2009）.「ペア作り・グループ作り」『英語授業改革論』148-150．東京：教育出版.

高島英幸（編）（2000）.『実践的コミュニケーション能力のための英語のタスク活動と文法指導』東京：大修館書店.

高島英幸（2011）.『英文法導入のための「フォーカス・オン・フォーム」アプローチ』東京：大修館書店.

高島英幸（2020）.『タスク・プロジェクト型の英語授業』東京：大修館書店.

高塚成信（2014）.「4技能統合と新たな技能への挑戦」『英語教育学の今』317-320．全国英語教育学会.

竹蓋幸生（1997）.『英語教育の科学』東京：アルク.

竹中龍範・藤井昭洋・沖原勝昭・松畑煕一・高塚成信（1988）.「中学・高校生の英語文法力の診断と評価」『四国英語教育学会紀要』第8号，87-108.

田鍋薫（1986）.『英語指導の実践研究』第一学習社.

田中武夫（2001）.「コミュニケーション活動における言語使用の正確さを高める指導」『中部地区英語教育学会紀要』第31号，313-320.

田中武夫（2004）.「学習者のセルフモニタリングによる自己修正について」『中部地区英語教育学会紀要』第34号，297-304.

田中武夫（2006）.「文法指導における生徒の自己関与の重要性」『中部地区英語教育学会紀要』第36号，165-172.

田中武夫・島田勝正・紺渡弘幸（2011）.『推論発問を取り入れた英語リーディング指導』東京：三省堂.

田中武夫・田中知聡（2014）.『文法指導デザイン』東京：大修館書店.

Tsui, A.B.M. (1995). *Classroom Interaction*. England: Penguin Books.

内田伸子（1982）.「第5章第3節 文章理解と知識」佐伯胖（編）『認知心理学講座3 推論と理解』158-179．東京：東京大学出版会.

和田稔（編）（1986）.『中学校達成調査を生かす英語科の授業改善』東京：明治図書.

Wajnryb, R. (1987a). Group work in the Dictogloss method: learner involvement and interaction. *BABEL*（Australia), 22, 21-24.

Wajnryb, R. (1987b). Myths and fallacies: common misconceptions about the Dictogloss method. *Interchange*（Australia), 10, 6-9.

Wajnryb, R. (1990). *Grammar dictation*. Oxford: Oxford University Press.

White, G. (1998). *Listening*. Oxford: Oxford University Press.

山森直人 (2003). 「コミュニケーション観と文法指導」太田垣正義 (編著)『コ ミュニカティブな文法指導』147-161. 東京：開文社出版.

山本博樹 (1994). 「物語の理解過程」『読書科学』第 38 巻 第 2 号 日本読書協会. 67-81.

大和隆介 (2002). 「英語教育の中でのストラテジー指導の方向性」『中部地区英語 教育学会紀要』第 32 号，111-118.

柳川浩三 (2004). 「自然な発話と書き起こされた発話はどちらが理解可能か―発 話の自然さが聴解に及ぼす影響―」『英語教育』Vol.56-4，13-18. 東京：開隆 堂出版.

柳善和 (1995). 「Listening 教材の背景と構造」『名古屋学院大学外国語教育紀要』 第 26 号，47-60.

柳井智彦 (1990). 『英語授業の上達法』東京：明治図書.

柳井智彦 (1996). 「聴解の困難点とその対策」『英語教育』7 月号，11-13. 東京： 大修館書店.

柳瀬昭夫 (2006). 「静岡大学教育学部附属島田中学校第 52 回教育研究発表会：英 語科授業案活動資料」.

横山吉樹・大塚謙二 (2013). 『英語教師のためのフォーカス・オン・フォーム入 門』東京：明治図書.

吉田一衛 (1987). 「メモによる Listening Comprehension の枠」『英語教育研究』 261-272. 東京：大修館書店.

吉田悠一・清水公男 (2017). 「中学校の協同学習を取り入れたライティング力向 上をめざす英語授業の実践事例研究」『中部地区英語教育学会紀要』第 46 号， 223-230.

吉沢美穂 (1969). 「生徒にとって単語の難易とは何か」『英語教育』8 月号，15- 17. 東京：大修館書店.

おわりに

　教師が行っている仕事の中で、多くの時間をかけ、必ず毎日関わるのが授業である。教師にとっては、言うまでもなく最も大切な仕事であろう。そのため授業改善のための研修は、学校内外問わず頻繁に実施されている。しかし、毎日繰り返し、工夫しつつ取り組んでいても、「何年経ってもうまくできない」と感じている教師が少なからずいることも事実であろう。

　筆者が教師になりたての頃、先輩から、授業には、「つまらないが力が付く授業」、「つまらなくて力が付かない授業」、「おもしろいが力が付かない授業」、「おもしろくて力も付く授業」があるという話を聞いたことがある。自分の授業はどうか、「つまらなくて力が付かない授業」ではないだろうかと考えこんでしまうことが多かった。それから40年余りの年月が経ったが、今でもその思いは付いて回る。

　教壇に立って何年か経つと、どの教師もある程度自分なりの授業の型ができてくる。そして、一度自分の型ができてしまうと、それを変えることは意外と難しい。しかし、授業をその時々の生徒の実態、教育環境に適したものに変えていかないと、生徒のためのよりよい授業は成立しない。筆者は少しずつでも授業改善をして「おもしろくて力も付く授業」に変えていきたいとずっと考え、その手段の1つとして実践研究を続けてきた。

　もちろん、各校で行われた授業研究の報告書や、各地区の教育研究会から出される報告書からでも多くのことを学ぶことができる。ただ、授業や活動に対する分析は、なぜその授業が、あるいは活動がよかったのかという要因について、参観者の印象や質的な視点に立って行う場合が多かった。それに加えて数量的に分析し、要因を科学的、理論的に明らかにしていけば、より客観的になり、資料としてそれらを蓄積したり、共有したりしやすくなると感じていた。そうすれば、多くの教員が授業や活動を構想する際に、使いやすくなる。それが本書を書きたかった理由の1つである。

　本書の実践研究で扱った授業、活動は、もちろん自分一人で考えたものばかりではない。その時々の同僚、先輩からの指導やヒントを基にしたものも多くある。幸せなことに、定年を迎えるまで多くの素晴らしい同僚、先輩に恵まれ、多くの教えを受けることができた。本書を綴ったもう1つの理由は、自分が先輩方から教えを受けたように、若い先生方に少しでも資料を提供したいとの思いにある。そうすることで、お世話になった多くの先生方へ

わずかでもご恩返ししたかったのである。特に筆者が初任者であったとき、授業の厳しさ、楽しさを教えてくださった、鈴木彰先生、学会で研修の機会を与えてくださった、静岡大学名誉教授の三浦孝先生、常葉大学名誉教授の永倉由里先生にはたいへんなご恩を受けた。改めてお礼を申し述べたい。

　この本の内容の多くは、中部地区英語教育学会の『紀要』に掲載されたものに加筆にしたり、再構成したりしたものが多い。転載を許可してくださった学会に対して感謝を申し上げたい。また、刊行にあたり、静岡新聞社編集局出版部の佐野有利氏には多くの時間をかけ、たいへん丁寧に対応していただいたことを申し添えておく。

著者プロフィール

岩本　藤男

静岡県焼津市に生まれる

獨協大学外国語学部英語学科卒業

鳴門教育大学大学院　教科・領域専攻　言語系コース（英語）修士課程修了

平成10年度　文部科学省英語担当教員海外研修で英国ノッティンガム大学へ留学

静岡県焼津市、掛川市の中学校に勤務する　令和2年3月　定年退職

現在、静岡県焼津市立大富中学校で特別支援教育支援員として勤務する

著書

『生徒を英語好きにする3分間話』　山口書店（共著）

『コミュニカティブな文法指導』　開文社出版（共著）

英語授業の実践研究

＊

2024年2月29日　初版発行

著者・発行者　岩本藤男

発売元　　　　静岡新聞社

〒422-8033　静岡市駿河区登呂3-1-1

電話　054-284-1666

印刷・製本／藤原印刷

＊